説明のうまい人がやっていること

伝えるスキルが飛躍的にアップするコツ

中林 智人

大学教育出版

はじめに

はじめまして。大学受験予備校にて国語の授業をしている**中林智人（なかばやしともひと）**と申します。

さて、本書を手に取られている皆さんは、「説明力を向上させたい」と思っておられる方が多いかと思います。

まさにそういう方々に向けて、本書は「**四つのポイント**」に注目することで、**飛躍的に説明力を向上する**方法を修得いただくことを目的としています。

今世の中では、さまざまな教育系YouTuberや「ひろゆき切り抜き」などをはじめとした、いわゆる「わかりやすい説明」を売りにしたコンテンツがたくさん出回っています。

こうしたコンテンツが流行する背景には、「**わかりやすく説明することができる大人が圧倒的に少ない**」ことが挙げられます。

たとえば、先日私が居酒屋にいた時、近くで話していたサラリーマン二人組の会話をここに記載してみます。

「だからさ、わかる？　あの人時間管理とかそういうこと、むいてなくてさ、もっとこうタ

スクマネジメントを効果的にやるためにさ、頭の中を整理してないからさ、すぐ感情的になるんだよね。部下の気持ち考えてないからさ、いい？　ああいう人になっちゃだめだよ。ビジネスを成功させるにはさ、もっとこうさ、全部がつながっているっていうかさ、ほんと上にだけは好かれてるんだよね。意味わかんないよね。でもそれも一つのスキルなのかもしれないけどね」

近くで聞き耳を立てていた私は「意味わかんないのはあなたの言っていることだよ」と、思わず心の中で突っ込みました（笑）。

おそらく先輩と思われる中年男性が、愛想笑いをしている後輩男性の前で得意気に仕事の愚痴ともアドバイスともつかない戯言《ざれごと》をしゃべっている状況だと思います。この人は後輩にアドバイスをしているつもりでも、基本的に**自分の話したい・吐き出したい思いを思いつくままに口に出しているだけ**で、相手はおそらくこの会話から何も得てはいないでしょう。次の日には「あの人相変わらず自分勝手にしゃべり散らしていたな」と思われるだけです。

振り返ってみていただきたいのですが、皆さんの周りで、「ああこの人の説明わかりやすいなあ～。そういうことだったのか。こうやって説明してくれれば一発でわかるのに」というような、説明が上手と言われているような人がどれだけいるか想像してみて下さい。0人から多くて2人ほどではないでしょうか。こうした原因は、**大人になる過程、とくに教育課程などにもあり、必ずしも素質や才能に起因するものではありません。**

予備校講師らしく大学入試問題の話を少しだけさせて下さい。たとえば国語の入試問題の中には、**「○○について説明せよ」**という記述問題が存在します。東大・京大をはじめとする難関国公立大学の二次試験の問題はこのタイプが大半です。近年は文部科学省の方針の影響で、私立大学でも増えています。また、私は「テーマに沿って指定字数以内で自分の意見を論述する」小論文の授業や、生徒の答案添削なども数多く経験がありますが、最初はどんな支離滅裂な答案を書いていたとしても、**正しくトレーニングすればどんな生徒でも簡潔でわかりやすい説明ができるようになります。**

つまり、皆さんが「説明って難しいな」と感じるのは、説明の才能がないからではありません。正しく**説明能力を磨く機会をほとんど得られなかった**からなのです。

ですので、私は**この場で説明能力を飛躍的にアップする体験をしてもらいたい！**そう思い、筆を執りました。

ビジネスマンにとって幸いなのは、受験生とは違い、**説明すべきことがあなたの得意分野に限定されている点**です。大学受験では名前も知らない人の長い論評から一部分だけを切り抜いた問題文を読み、さまざまなことを読み取り、出題者の意図に寄り添って説明しなければなりません。一方皆さんは、自社の商材や自分の考えた企画や改善案など、**理解ができているものに対してのみわかりやすい説明ができるだけで、ビジネスパーソンとしての価値が飛躍的にアップします**。

そのため、受験勉強のような毎日数時間の努力は必要ありません。もっと言うと、学歴や偏差値だって関係ありません。**目覚まし時計を販売している方なら、自社の販売する目覚まし時計に関する知識があれば十分**です。そして、それにプラスして、次の四つを行っていただくだけです！

① **情報を絞り込む**
② **相手を知る**
③ **伝える内容を工夫する**
④ 相手に伝わる**話し方をする**

これだけです。

……はい、「具体的にどうすればいいんだよ！」と思いますよね。**一つずつわかりやすく解説させていただきますのでご安心下さい。**

もう一度申し上げますが、難しいことは何もありません。元々ビジネスマンのあなたがお持ちである自分の領域の知識を武器にして、それらを少し工夫して伝えるだけの話です。たったそれだけであなたのビジネスマンとしての評価は大きく変わりますし、ひいては**収入も大きく変わります**。

本書を読破するのに必要な時間はせいぜい数時間〜数日程度といったところでしょう。その短い期間であなたの年収・社会的立場が大きく跳ね上がります。間違いありません。人によっては年収が数倍になる方もいるでしょう。**「わかりやすい説明力」というのは、それだけ強力なスキルなのです。**

本書では、**優れた説明をするために必要なことを順を追って解説し、要所要所で演習問題や課題を出しますので、それらにしっかりと取り組んでいただきたい**と思います。私は予備校講師として「生徒の成績向上」「第一志望合格」「授業アンケートの数値向上」という結果にシビアに向き合いながら授業をしています。**生徒の状況を見て、本当に彼らに必要と判断したものを提供できるように、日々脳細胞が焼き切れるくらい考えながら授業をしています。**その思いを今回は本書をご覧いただいている皆さんに向けて、全力でぶつけます。

そしてすべてを読み終えたとき、伝えたいことが相手に伝わる快感をあなたに思いっきり味わっていただきたいと思います。情報は伝わらなければ意味はありません。**今のあなたの知識量で、あなたの評価を爆発的に上げるきっかけが、本書を手に取ったこの瞬間に訪れることをお約束します。**

中林　智人

目次

◆準備編◆

第一章

情報を絞り込む

では始めていきましょう。皆さん、「優れた説明をする」ために**最初に必要なこと**は何だと思いますか？

答えは、「**伝える情報の取捨選択**」です。もっと言うと「余計なことをダラダラしゃべらない」、これに尽きます。あなたの周りにもいませんか？　思ったことやその場で思いついたことを無計画にべらべらしゃべり続けて、肝心のこちらの聞きたいことになかなか触れてくれない人……それこそ「はじめに」で書いた居酒屋のサラリーマンみたいな人ですね（笑）。

友人・恋人・家族の雑談ならいざ知らず、ビジネスの場では相手の時間を無駄にさせないためにも、伝える情報をまず絞り込むことが大事です。**雑談的な話は、整理された情報を相手に伝えるプログラムの中に適切に組み込んでいけばよい**のです。

では世間に数多ある情報の中から自分に必要な情報を適切に取捨選択するにはどうすればよいか？　これには大きく分けて三つのプロセスがあります。以下の通りです。

1、「対比」と「論展開」を意識して情報の全体像をつかむ。
2、「抽象」部分をピックアップし、余計な言い換え・繰り返し・具体例等を切り捨てる
3、選んだ「抽象」部分を、文章になるようにつなぎ合わせる。

この三ステップをこなして自分の伝えたい内容の骨組みを作ることができれば、後は説明に与えられた時間や相手の反応に合わせて肉付けをしていけばよいだけです。では一つずつみていきましょう！

1 「対比」すれば論点が明確になる

世の中に溢れているさまざまな文章、その多くが「二つの事項の対比」を骨組みとして書かれています。どんな二つが対比されているかはもちろん文章によりますが、**文章全体に跨《また》がる対比を読み取れれば、間に出てくる細かな専門用語や難解な表現に惑わされずに、文章の全体像・論点が明確になります。**論より証拠、まず次の文章をご覧下さい。

一般に日本の絵画は、西欧の絵画と比較すると、平面的、装飾的であって、写実性に乏しいということがしばしば指摘される。

たしかに、西欧においてルネサンス期以来発達して来た遠近法や明暗法による三次元の統一的空間表現を知らないという点では日本絵画は「写実的」ではない。事実、それなればこそ、司馬江漢をはじめ、一八世紀後半以降、曲がりなりにも西欧の絵画表現に触れることのできた人びとは、その真に逼った「写実的」表現に大きな驚きを感じたのである。

しかしながら、ということは、日本の画家たちが、現実世界を観察し、その姿を再現しようという「写実的」意欲に欠けていることを意味するものではない。日本の画家たちは、全体の空間構成においてではなく、細部の描写において「写実的」であった。そしてそのことは、「縮小された世界」に美的喜びを見出す日本人の感受性と無縁ではない。

（高階秀爾『日本美術を見る眼』岩波書店より）

大学入試問題にもよく出題される高階《たかしな》秀爾《しゅうじ》氏の評論文です。さて、まずはこの文章内の対比に注目して、筆者が何を主張しようとしているのかを読み取ってみましょう！

改めて、次の問いについて考えてみて下さい。時間は三分です。

問　この文章は何を対比して論じられているか？

さて、いかがでしたか？

おそらく多くの人が「日本と西欧を絵画の描写法の視点で対比して論じている」と、お答えになるのではないでしょうか？

おしい！　残念ながら正解とは言えません・・・

たしかに大学入試問題から新聞の社説、新書の類まで見ても、「日本文化と西欧文化」を対比的に捉えている文章はたくさん存在します。この文章でも西欧と日本の絵画についてそれぞれの特徴が「平面的」「装飾的」「写実的」などという用語を使用して説明されています。

しかし、この文章において「日本の絵画と西欧の絵画の違い」というのは、**筆者が一番「論じよう」と思っていること**ではありません。

では筆者が「論じよう」、つまり「論理的に主張しよう」と思っていることは一体何なのか？

それをわかりやすくするために、この文の一部を目立たせてみましょう。次をご覧下さい。

一般に日本の絵画は、西欧の絵画と比較すると、平面的、装飾的であって、写実性に乏しいということがしばしば指摘される。**たしかに**、西欧においてルネサンス期以来発達して来た遠近法や明暗法による三次元の統一的空間表現を知らないという点では日本絵画は「写実的」ではない。事実、それなればこそ、司馬江漢をはじめ、一八世紀後半以降、曲がりなりにも西欧の絵画表現に触れることのできた人びとは、その真に逼った「写実的」表現に大きな驚きを感じたのである。**しかしながら**、ということは、日本の画家たちが、現実世界を観察し、その姿を再現しようという「写実的」意欲に欠けていることを意味するものではない。日本の画家たちは、全体の空間構成においてではなく、細部の描写において「写実的」であった。そしてそのことは、「縮小された世界」に美的喜びを見出す日本人の感受性と無縁ではない。

いかがでしょう？　なんとなく私が言いたいことがおわかりいただけたでしょうか？

「**一般に**」で、いわゆる世間一般で通っている考え方が示され、

「**たしかに**」で、それに対して筆者が一定の理解を示し（譲歩し）、

「**しかしながら**」で、一般論と反対の考え方を筆者が提示しています。**これが筆者の意見です**。

では、一般論と筆者の意見はそれぞれどのようなことを言っているか、まとめると次のようになりますね。

一般論……※日本の絵画は、西欧の絵画と比較すると、平面的、装飾的で、写実性に乏しい。

※遠近法・明暗法などの西欧独自の表現方法を知らないという点では、日本の絵画は「写実的」ではない。

筆者の論……※日本の絵画は、西欧絵画のように「全体の空間構成」を写実的に再現しようとしたのではなく、細部の描写において写実的であったのだ。

↓（つまり）

結論　**日本の絵画は、西欧とは別の意味で「写実的」と言えるのだ！**

そうです！　この文章は、ただ西欧と日本の絵画を比較しているだけではなく、「日本の絵画が西欧のように写実的ではない」とする一般論に対して、筆者が反論しているという構造となっていたのです。つまり、さきほどの問いの答えを示すと、次のようになります。

答え　**一般論と筆者の主張を対比して、筆者の意見が論じられている。**

このように、対比に注目して文章を読むことで、その文章の筆者が何を言おうとしているのかがわかりやすく見えてきます。

もちろん対比のテーマとなるのは他にもいろいろありますが、ビジネスに関わる文章で最もよく見られる対比のテーマがこの**一般論VS筆者の意見**となります。理由は簡単です。世間一般でよく言われる主張をそのまま繰り返してもそれは**文章として独自性がないから**です。そこに筆者がぶつけた独自性溢《あふ》れる主張を読み取ることで、「その文章の言いたいことを理解している」と言えるのです。

さて、高階秀爾氏は美術評論家で、この文章も美術系の評論文です。次はもう少しビジネスに寄せるために、日常で目にする文章から対比を探し出してみましょう。次の文章をご覧下さい！

岸田首相を議長とする「教育未来創造会議」が新たな奨学金の創設に向けた検討を始め

た。意欲と能力のある学生を支える制度にできるのか、十分な議論が必要だ。新しい制度は「出世払い」方式と呼ばれ、国が大学などの授業料を肩代わりし、学生が卒業後、一定の年収を超えたら、所得に応じた額を返済する仕組みだ。首相は5月中に検討結果をまとめるよう末松文部科学相に指示した。

国の奨学金は現在、住民税非課税か年収の目安が約３８０万円未満の世帯が対象の給付型と、約１１００万円以下の世帯が対象の貸与型に大別される。民間の奨学金も含めると、利用する大学生は全体の半数に上っている。

給付型は返済不要だが、貸与型は卒業時に借金を抱える形になり、返済に苦しむ学生も多い。これに対し、出世払い方式は親の収入に関係なく、どの学生も利用できる仕組みが検討されている。

近年は学費が上昇しているうえ、コロナ禍でアルバイトが出来ず、困窮する学生も少なくない。経済的な不安を感じずに学べる環境を整えることは重要だ。教育費の負担が軽減されれば、少子化の改善につながる可能性もある。

この時期に新たな奨学金の導入を検討する背景には、夏の参院選を前に、若い世代にアピールする狙いもあるのだろう。ただ、実現には課題が多い。

出世払い方式は豪州が採用しており、過去にも自民党内で検討されたことがある。しかし、巨額の財源を確保するのが難しいため、実現には至っていない。

返済の開始時期は、「年収３００万円以上」に達した段階とする案が検討されている。所得が低ければ返済が猶予されるため、就労意欲をそぐと指摘されている。

今も苦労しながら返済を続けている卒業生との不公平感をどうするのかという難題もある。

導入の可否を見極めるにあたり、まずは課題を十分に整理することが不可欠だ。

現行の給付型奨学金は制度開始以降、利用者数が国の想定を下回っている。周知が不十分で、受給対象なのに申請しないままになっている学生がいる可能性もあり、検証する必要がある。

給付型奨学金を受けた学生へのアンケートでは、奨学金がなければ進学をあきらめたという回答が3割に上った。奨学金が果たす役割は大きい。将来への不安から進学を断念する若者が出ないよう制度を工夫してほしい。

（読売新聞　２０２２年4月7日　社説より）

いかがでしょう？　今度は「一般に」などという表現もありませんね。なんとなく「新しい奨学金についてなんかいろいろ書いてある」ということくらいは読み取れるかもしれません。でもそれではこの文章を理解したとはとうてい言えません。これも先ほどと同じように、対比を意識して読んでみると、いくつか注意すべき表現が見つかるはずです。次をご覧下さい。

岸田首相を議長とする「教育未来創造会議」が新たな奨学金の創設に向けた検討を始めた。意欲と能力のある学生を支える制度にできるのか、**十分な議論が必要だ**。

新しい制度は「出世払い」方式と呼ばれ、国が大学などの授業料を肩代わりし、学生が卒業後、一定の年収を超えたら、所得に応じた額を返済する仕組みだ。首相は5月中に検討結果をまとめるよう末松文部科学相に指示した。

国の奨学金は現在、住民税非課税か年収の目安が約380万円未満の世帯が対象の給付型と、約1100万円以下の世帯が対象の貸与型に大別される。民間の奨学金も含めると、利用する大学生は全体の半数に上っている。

給付型は返済不要だが、貸与型は卒業時に借金を抱える形になり、返済に苦しむ学生も多い。これに対し、出世払い方式は親の収入に関係なく、どの学生も利用できる仕組みが検討されている。

近年は学費が上昇しているうえ、コロナ禍でアルバイトが出来ず、困窮する学生も少なくない。経済的な不安を感じずに学べる環境を整えることは重要だ。教育費の負担が軽減されれば、少子化の改善につながる可能性もある。

この時期に新たな奨学金の導入を検討する背景には、夏の参院選を前に、若い世代にアピールする狙いもあるのだろう。**ただ、実現には課題が多い。**

出世払い方式は豪州が採用しており、過去にも自民党内で検討されたことがある。しかし、巨額の財源を確保するのが難しいため、実現には至っていない。

返済の開始時期は、「年収300万円以上」に達した段階とする案が検討されている。所得が低ければ返済が猶予されるため、就労意欲をそぐと指摘されている。

今も苦労しながら返済を続けている卒業生との不公平感をどうするのかという**難題もある。**
導入の可否を見極めるにあたり、**まずは課題を十分に整理することが不可欠だ。**

現行の給付型奨学金は制度開始以降、利用者数が国の想定を下回っている。周知が不十分で、受給対象なのに申請しないままになっている学生がいる可能性もあり、検証する必要がある。

給付型奨学金を受けた学生へのアンケートでは、奨学金がなければ進学をあきらめたという回答が3割に上った。奨学金が果たす役割は大きい。将来への不安から進学を断念する若者が出ないよう**制度を工夫してほしい**。

太字と傍線で目立たせた部分が何を示しているかおわかりですか？　そうです。**「新たな奨学金制度」に対して、筆者が「ちょっと待って！」と警告をしている箇所**です。

筆者はこの文章で、新たに国が検討を始めている「出世払い」による奨学金の制度に対して、再考を促しています。

よって、この文章を「新しい奨学金についての情報」と、「それに対する筆者の意見」に注目して対比してみましょう。次のような感じになります。

新しい奨学金……※国がやろうとしている。
※「出世払い」方式で、一定の年収に到達したら返済する仕組みである。
※今までは「親の年収」が基準で、こちらは「学生本人の年収」が基準となる。
※豪州での採用実績がある。

筆者の論……※「出世払い」方式は、巨額の財源の確保が難しい。
※本人の所得が低いと返済が猶予されるため、就労意欲をそぐ可能性がある。
※現行の制度で返済を続ける卒業生との不公平感も問題だ。
※そもそも現行の制度ですら、周知が不徹底で、利用者が国の想定を下回っている。

↓（つまり）

結論　新しい奨学金制度は、課題を整理して、慎重に進めるべきだ。

いかがでしょうか？　つまり、**国が新たに行おうとしている奨学金制度の特徴**と、**その課題を指摘し、実施前に慎重に検討する必要があるとする筆者の意見**を対比的にとらえれば、本文の全体像が見えてくるということですね。

一つ気をつけておきたいのですが、ここで筆者は新しい奨学金制度を完全否定しているわけではなく、あくまで**その課題に目を向けて慎重に議論してから実施に向けて進んでほしい**と書いていることです。対比だからといっても、単純なよいか悪いかという話ではないわけです。

日本語の難しいところですね。

さて、対比を理解したところで、あくまで本書は「説明」のための本ですので、この対比的な理解がどれだけ優れた説明につながるのかを学んでいただく必要があります。そこで、次の問いを考えてみて下さい。

問　**この文章の要点を端的（百文字以内）に説明しなさい。**

答え　**「教育未来創造会議」が新たに検討を始めた「出世払い」方式の奨学金制度に対して、筆者は財源や現状の奨学金利用者との格差等の点からその課題を指摘し、十分な議論と工夫の必要性を訴えている。**

いかがでしょうか？　対比されている項目、筆者の主張したい内容を正確に踏まえると、端的でわかりやすい説明ができるようになるのです。

ちなみに、今回は「一般論VS筆者の意見」という形で対比のお話をしましたが、世の中には**「対比されやすい項目」**というのがいくつかありますので、それを紹介させていただきますね。こういうのを知っておくと長ったらしい文章でも「あー結局あれとこれを対比させたいのね」という感じで、**書き手の意図を一瞬で読み取ることができます。**

前近代・伝統　日本ならば江戸時代以前の社会、西洋ならばまあ十七世紀以前、つまり中世社会以前の社会のことですね。非合理的な宗教的価値観が世界を支配し、身分制度（日本ならば士農工商・西洋ならば奴隷制度など）が当然のごとくまかり通っていた時代です。ただ一方で、**近代社会以降の科学技術に支配された世の中が見失いがちな伝統的価値観や共同体的な温かさなどが残っていた時代**としてプラスイメージで語られることも多いのです。

VS

近代・文明　日本ならば明治時代以降、西洋ならば十七世紀後半以降の「産業革命」「ルネサンス」「市民革命」などで、世の中が「自由」「平等」「個人」を愛するようになった時代です。また、それまで世界の中心だった宗教的価値観に代わって、ニュートンなどをはじめとする科学者達の努力により、「科学的」「合理的」に考えることが世界の主流となり始めた時代です。**今の我々の生活を支える科学技術が発展した時代ですが、一方でその科学技術によるさまざまな弊害（環境問題など）が語られるようになったきっかけともなる時代**です。

近代

前述の通りです。

VS

現代

第二次世界大戦終戦後から、現在のわれわれの時代を指します。近代科学の影響を受けた情報化社会・インターネットの影響を受けた社会です。また細かな紛争などは除いて**世界全体では大きな戦争も起きず平和が続いているからこそのさまざまな問題がいろいろ生じてきている時代**でもありますね。なぜなら平和で戦争がないからこそ、戦争中は「戦力外」として社会の中心からはじき出されていた社会的弱者の人権や、将来のことなどを考える余裕が生まれるからです。それこそSDGsなどから考える環境問題、LGBTQなどの多様性問題、またインターネットによる匿名アカウントの誹謗中傷問題などは、この時代だからこそ生じた問題とも言えるのかもしれません。

大人　教育論・心理学・文化人類学、あるいは経済・経営などに関しても大人と子どもの違いに対する認識は重要な要素となることが多いですよね。大人の持つ武器としては「社会経験」「肉体的成熟」「精神的成熟」などが挙げられますが、それらがあるからこそ逆に子どもの柔軟な思考についていけなかったり、自分の経験や願望を子どもに押しつけた結果、子育てや教育に失敗する親も少なくありません。子どもを「ただ未成熟で幼いだけの存在」と舐めてかからず、彼らについての理解を自身の経験だけで行おうとしない、**今の時代の流れから彼らがなにを考えているか、子どもに寄り添って理解していこうとする大人が子どもとの関わり方において成功するケースが多い**と私は思います。また、令和4年（二〇二二年）に成年年齢が二十歳から十八歳に引き下げられましたが、このことからくる影響もさまざま考えられます。

VS

子ども　大人の優位性として「社会経験」と「肉体的成熟」「精神的成熟」などを挙げまし

たが、子どもの優位性は「経験に邪魔されない柔軟な思考」「新しい考え方・情報機器などへの即応性」などが挙げられます。また子どもといっても高校生くらいになれば身体も大人とそう変わりませんし、彼らなりに大人の社会を冷静に見ていたりします。また一方で精神的にまだまだ未熟な子どもも多く、「社会に抵抗すること」を「カッコいい」とはき違えている子も少なくありません。ＳＮＳなどで愚かな行為を公開して炎上する未成年がよく取り上げられますが、これらは**大人も持っている自己承認欲求を満たす手段として「社会や常識への抵抗」という形しかとれない子どもの悲しさ**を表しています。子どもを「叱れない」世の中とか、逆に「児童虐待」などの、大人の感情のはけ口にされる子どもの存在など含めて、子どものあり方に関してはいろいろな考えが世間でも出回っていますね。

男性ＶＳ女性（多様性も含め）

ビジネスの現場において「セクハラ」という言葉はまるで爆弾のような破壊力を持ちます。何がセクハラかという定義も曖昧ですし、感情論も含まれるので、完全に対応するのは非常に困難かもしれません。ただ、一つ言えるのは「男性と女性の生物的区別」を理解した上で、「その上で平等であるべき部分はどこか」の見極めが大事であるということです。あとはそれに加えて「男女論に関して社会がどのような流れになっているか」を読み取って、それに合わせた行動をすることでしょう。怒らせてはいけないポイントを見極めることです。もちろん怒られなければよいというわけではありませんが……。

生物学的な男性と女性の特徴について論じられた文章も多いですし、あとは「男性の育児休暇・家事参加」「女性の社会進出」とか、話題は尽きません。さらにそこに加えて近年はＬＧＢＴＱに対する理解の重要性が世界中で強調されるようになってきました。おそらく日本でもこの流れは強まっていくでしょう。大分過激な法案が始まってしまった国もありますが、とにかく**「男性・女性」の性別に関する扱いはビジネスマンたるもの、慎重に行っていかないと、一撃で自身の立場を破壊することにもなりかねません**ので、十分に注意しましょう。

日本　「国際社会」「グローバル化」などとよくいわれますが、多くの日本人が海外に目を向けすぎて自国の文化などの魅力を十分に理解していないと私は感じます。また、自国と他国の境界線を取り払おうという風潮の一方で、オリンピックなどのスポーツの祭典などでは自国を団結して応援するというナショナリズムを発揮するのも日本人（だけではありませんが）の特徴です。そして大事なのは、**ビジネスとして海外で戦うエリートサラリーマンほど、我が国日本の文化にも精通し、それらを堂々と海外の方々に語ることができる人が多いということ**です。また文化だけではなく、日本人の強みである「礼儀正しさ」「謙虚な精神」「団結力」などを理解し、国際社会の中で戦う武器として活用できるとよいですね。

VS

西欧・海外　他国をひとまとまりにするのもよくありませんが、特に**西欧人と日本人の考え方の違い**に関しては理解しておいたほうがよいと思います。個人主義、そしてそこから生じるさまざまな考え方は、よく日本人を困惑させます。また、**宗教に関しての考え方の違い**も把握しておかないと、トラブルの元となってしまいます。海外に行く人でなくとも、日本国内での外国人とのやりとりの必要性も増える一方です。向こうの考え方を理解し、その一方で日本の考え方も理解してもらえるようなコミュニケーションがとれるとよいですね。また西欧だけでなく、今後ＧＤＰにおいてアメリカを抜いて「世界最大の経済大国」になるといわれている**中国をはじめ、さまざまな新興国の文化・思想を理解していくこと**も望まれます。

右翼（保守派・復古主義・天皇絶対主義など）　世の中の多くの論者による論評が、大別すると結局「右寄りか左寄りか」の形に分かれると言われます。これに関しての定義は本当に立場・時代・視点などによって変化するので安直に決めつけることはできないのですが、「右翼」「右寄り」とは何か？　という問いに対してざっくり言うと「天皇を中心とした古くからの日本の国体の維持」や「国際化に安易に流されずに古くからの日本の伝統を重視」など、そのあたりの考え方がベースとなってきます。後は近年よく言われる「男女平等」「多様性重視」などの流れに関しても否定的な見方をする人が多いのがこの右翼的思考の人びとの特徴です。「保守派」なんて言われるくらいで、要するに「海外で主流になっているからと言って、なんでもかんでもそれに迎合するのではなくて、**古くからの日本の伝統の価値を意識し、それらに従って生きることが日本人の幸福につながるのだ」**という感じですね。学者や教授の一部には特にこの「右寄り」「左寄り」の区別がはっきりとしている人もいて、そういう方の論文や文章を拝読すると、基本的思想がはっきりとわかります。

VS

左翼（革新派・リベラル派・共産主義・社会主義など）　こちらは一言で言うと「新しい時

代の流れに合わせて古いものに縛られないでどんどん革命していこう」という感じでしょうか。その「革命」の内容が社会主義・共産主義的思考に流れていくということです。近代以降の「自由」「平等」などを重視するだけでなく、「海外ではこうだからそこに合わせて日本もどんどん変わっていこう」という思想がベースになります。前述の「男女平等」「多様性重視」も、こちら側の主張ということになりますね。これも「自由主義」的な思考と結びつきやすいですが、自由主義もそれこそ一括りにするのがはばかられるくらい多種多様なのですが、とにかく**革新的・先進的な思想に結びつく**と理解しておけば一般的な範囲としては十分でしょう。こちらも、世に出回る多くの論者の文章の方向性を理解する際の重要なイメージとなります。

ちなみに、この「右翼・左翼」については、それこそ宗教と同じくらいに扱いの難しいテーマなので、安易に「君は右寄りだね」などと言おうものなら相手を怒らせトラブルの元となりかねません。どちらの主張も一長一短ありますので、「相手の立場を把握し、それに合わせた説明をするためのツール」という冷静なスタンスで考えるくらいでちょうど良いと思います。

2 わかりやすい「論展開」とは?

文章の全体像を素早く理解する方法として、対比ともう一つ習得しておきたいのが、**「論の展開をおさえる」**ことです。主に**段落に注目して**文章の論理展開をおさえるわけです。大丈夫、簡単なことです。

まず、次の文章をご覧下さい。

[1] 私の勤める大学で接する、最近の学生たちを見ても、「場の空気を読む」ということに必死になっているように感じる。誰かが「昨日のあの番組、見た?」と口を開いたときに、次に「見たよ、最高!」と言うべきか、それとも「見たけれどイマイチだったね」と言うべきか。自分が感じたことを言えばよさそうなものだが、学生たちにとって大切なのは、自分の意見を言うことではなくて、相手やまわりの空気の流れを読んで、それを乱さない発言ができるかどうか、なのだ。そして、たとえ自分ではその番組が気に入

らなかったとしても、場の空気が肯定的だと感じたら、「おもしろかったよね！」と明るく言わなければならない。そうしなければ、後から「あいつは空気が読めないヤツだ」と言われ、敬遠されてしまう結果にもなりかねないからだ。こうなると、対話もコミュニケーションというよりは空気を読み合うゲーム、になってしまう。

2 日本人にはそもそも「自分の気持ちよりもまわりの秩序を大切にする」という性格特性を持つ人が多い、と言われてきた。精神医学の世界で「メランコリー親和型」と呼ばれるタイプだ。このタイプの人たちは、組織や集団の秩序が保たれているあいだは、まじめに働き自分の能力を発揮することもできるが、いったん和が乱れ予想外の事態となるとガタガタと調子を崩し、ときにはうつ病を発症することさえある。最近は、この「メランコリー親和型」の人は減り、「周囲の和よりも自分の気持ちが先」と考える自分優先、自己中心型の人が増えている、と言われているのだが、どうもそうばかりではないようだ。たしかに会社や学校など公の場では、「組織への忠誠より自分が大切」と考える人が増えているようだが、同級生や友人といったプライベートな人間関係では、むしろこれまで以上にまわりの雰囲気、空気の流れを気にする人が増えているのではないだろうか。

3　プライベートとはいえ、完全に私的な親子、恋人、夫婦などの関係の中では、むしろお互い言いたいことを言い合い、ときには暴力で相手を支配しようとするドメスティック・バイオレンスの問題がクローズ・アップされている。つまり、「空気を読み合う」というのは、職場ほど公的ではないが恋人や夫婦ほど私的でもない、「準パブリック」な関係でとくに目立っているようなのだ。（中略）とくに若い人たちにとっては、「親友でもなければ他人でもない」という大学の同級生、サークル仲間などがこの「準パブリック」な関係に近いのかもしれない。そこで自分がどう見られているか、まわりから浮いていないかに、神経をすり減らしている人が増えているようなのだ。完全にプライベートな友人なら、気心が知れているので、多少の行き違いがあっても修正は可能だ。パブリックな関係なら、そこで評価されているのは「素顔の自分」とは違うので、たとえ失敗してもそれほど気にしなくてもすむ。だからこそ、その中間、とりわけ親しいわけでもないが、表面的なつき合いというわけでもない「準パブリック」な関係での評価や見られ方こそが、もっとも重要な意味を持つのだろう。

（香山リカ『「悩み」の正体』岩波新書より）

筆者は精神科医です。日本人の「空気を読む」文化について書かれています。**ではこの文章の内容を端的に説明するためには、どうすればよいでしょうか？**

この文章は、対比で捉えられなくもないですが、段落ごとにそれぞれ大事な情報がしっかり含まれているので、ここでは**段落ごとの要点をとらえて、「文章の論展開をおさえる」**形で進めていきましょう。

ではまず、以下の問いについて考えてみましょう。

問　**この文章の各段落（1～3）の要点をそれぞれ簡単に答えなさい。**

さて、段落というのは、そもそも長い文章を意味などの切れ目で分けたものなので、各段落にはそれぞれ最低一つの内容があります。それぞれの段落で最も大事な内容、つまり**趣旨**《しゅし》を探し出すことから始めましょう。

1の段落では、最初の一文で筆者が「最近の若者は『場の空気を読む』ことに必死になっている」と述べて、その後は具体的なセリフや、「空気を読み合うゲーム」などという比喩表現が使われていますが、結局最初の一文を詳しく説明したり、言い換えたりしているだけに過ぎません。ここは最初の一文を詳しく説明するためのオマケなので（詳しくは、次項の「3、『具体例』『引用』を省く！　『抽象部分』を強調する！」を参照）、第一段落での要点は最初の一文の箇所が中心となります。

つまり、**最近の学生たちを見ても、「場の空気を読む」ということに必死になっている**となります。

[2]の段落では、若者から日本人全体の性質の話に広がっています。日本人は「メランコリー親和型」や、最近は自己中心的な人が増えてきたなどと書いてありますが、大事な箇所はそこではありません。この段落の最後の一文にご注目下さい。

たしかに会社や学校など公の場では、「組織への忠誠より自分が大切」と考える人が増えているよう**だが**、同級生や友人といったプライベートな人間関係では、むしろこれまで以上にまわりの雰囲気、空気の流れを気にする人が増えているの**ではないだろうか**。

前項で学んだ高階秀爾氏の文章を思い出して下さい。「たしかに」で譲歩して、「しかしながら」の逆接表現で筆者の言いたいことが述べられていました。これも同じです。しかも文末が「〜ではないだろうか」となっています。これは**筆者が疑問文の形をとりながら自分の意見を提示する際の表現**としてもよく使われます。第一段落では最近の若者が場の空気を読むという内容をまとめましたが、この第二段落では**「ではどのような人間関係の中で場の空気を読むのか」という、より詳しい説明が追加されている**のです。つまり第二段落の要点は以下の通りです。

公の場では違ってきているが、プライベートな人間関係では、これまで以上に空気の流れを気にする人が増えている。

3の段落では、第二段落に出てきた「プライベート」な関係について、さらに詳しい説明がなされています。その中でも注目は二文目の「つまり」以降です。**「つまり」の後は大事な要点が来ます**。そこで「空気を読み合う関係」として「準パブリック」な関係が目立っていると書かれています。

そして段落最後の一文でも、この「準パブリック」な関係が最も重要な意味を持つと書かれています。

つまり第三段落の要点は以下の通りです。

完全に私的な関係では、言いたいことを言い合い、時には暴力で相手を支配しようとするが、「準パブリック」な関係では、まわりから浮いていないかに神経をすり減らしている人が増えている。

いかがでしょうか？　このように、まず各段落の要点をピックアップします。ちなみに要点は必ずしも一つの段落に一つとは限らず、**複数の段落で一つの要点を説明している場合もあります**。しかしここでは、この三つの段落から絞り出した要点を使って、**この文章全体の内容を端的に説明する作業**に移りましょう。

といっても難しいことは何もありません。先ほどの各段落の要点をつなげて一つにするだけです。もう一度、各段落の要点をまとめてみましょう。

1　最近の学生たちは、「場の空気を読む」ことに必死になっている。

2　プライベートな人間関係で、空気の流れを気にする人が増えている。

③　完全なプライベートではない、「準パブリック」な関係で空気を読み合っている。

さて、お気づきになられた方もいると思いますが、**段落をまたいで重複している箇所がいろいろありますよね**。「空気を読む」「空気の流れを気にする」「空気を読み合う」などの、全部の段落で重複している箇所などは一カ所だけでよいのです。これらを踏まえて「重複していない、説明に最低限必要な部分をピックアップする」と、以下の部分が浮かび上がります。

①　**最近の学生たちは**、**「場の空気を読む」ことに必死になっている**。
②　プライベートな人間関係で、空気の流れを気にする人が増えている。
③　完全なプライベートではない、**「準パブリック」な関係**で空気を読み合っている。

いかがでしょう？　「プライベートな関係」というのも、実際は純粋なプライベートな関係でなくて「準パブリック」な関係での話なので、ここでは不要なのです。

さて、そうなれば、後はこの太字傍線の部分をつないで一文にまとめれば完成です。以下のようになります。

問　本文の内容を端的に説明しなさい。

答え　最近の学生たちは、とくに「準パブリック」な関係で、「場の空気を読む」ことに必死になっている。

正しく情報を絞り込めれば、長い文章でもこんなに端的に説明できるのです。

3 「具体例」「引用」を省く！「抽象部分」を強調する！

さて、文章の全体像をつかむテクニックはお話ししましたが、次は文章から余計な贅肉をそぎ落として話の核心を引っ張り出す方法をお話しします。

ご存じの方も多いと思いますが、会話であれ文字であれ、ある程度の長さのある文章は大体が**「抽象的内容」**と**「具体的内容」**で構成されています。

抽象とは辞書を引くと「与えられた対象全体から、特定の性質や共通の特徴を抽出したもの」と書いてあります。簡単に言うと**「いろいろなものに当てはまるけど、具体性がないからいまいちわかりづらいもの」**という感じです。次の例文にご注目下さい。

> 君にはもっと自分らしく生きてほしい。たとえば君は勉強はできないけど、歌が上手だから、歌手を目指してみてはどうだろう。

次の文章を分解すると、こうなります。

抽象　君にはもっと自分らしく生きてほしい。

具体（例）　たとえば君は勉強はできないけど、歌が上手だから、歌手を目指してみてはどうだろう。

いかがでしょうか？　「自分らしく生きる」などという表現は、**誰にでもあてはまります。**誰にだって「自分」がありますからね。でも「勉強はできないけど、歌が上手」というのは、この文章の受け手に向けて話されているので、**その人だけを意識した特徴となります。**これは「**具体的な説明**」となります。

もう一つ例を示してみましょう。

> 日本には他の国にはない優れた特徴がたくさんある。たとえば「感謝の心」「おもてなしの心」などである。

この文を抽象的内容と具体的内容に分けてみましょう。もうおわかりですよね？

抽象（的内容）　日本には他の国にはない優れた特徴がたくさんある。

具体（的内容）　たとえば「感謝の心」「おもてなしの心」などである。

これらの例を見て、お気づきになった方もいるかもしれません。そうです。大事なのは抽象のほうなのです。しかし、抽象的内容は筆者が伝えたい大事な内容であるにもかかわらず、なんだかふわっとしていてわかりにくい。だから筆者は具体的な説明を加えて、前述の抽象的内容を理解してもらおうとするのです。

しかしこれは裏を返せばこういうことになります。

抽象的内容が理解できさえすれば、その後の具体的説明は飛ばしてもよい。

あなたが情報の受け手（文章の読者・話の聞き手）となる場合は、抽象的部分のみを頭に留めておきましょう。逆にあなたが情報の出し手（つまり、「説明する人」）の場合は、相手が理解しやすいように効果的に具体的説明を加えてあげればよいのです！

そしてこの「具体的説明」というのには、じつはいろいろな種類があります。要するに筆者

が伝えたい抽象的内容をわかりやすくするためのオマケみたいなものを全部ひっくるめて考えてしまえばよいのです。では具体的にどのようなものがあるのかというと、以下のようなものが当てはまります。

①　**「たとえば」などの接続詞の後の内容**

例えなくてもわかることなら、例えはいらない。

②　**「つまり」「言い換えると」などの、直前の内容を言い換えた表現**

言い換えなくてもわかることなら、わざわざ言い換えなくてもよい。

③　**偉人や学者などの論文・発言などの引用文**

直前の内容をわかりやすく、あるいは説得力を高めるために引用される場合がほとんどなので、直前の内容がわかっていれば（引用文の内容にもよるが）さらっと読み飛ばせばよい。

④　**比喩表現**

比喩表現は基本的には「他のものに置き換えて対象の凄さをわかりやすく伝える」ものなので、そもそも元のものの凄さがわかっていれば、これもまた不要。

「彼女の瞳はダイヤモンドのように美しい」という文は、「彼女の瞳が美しい」ことが十分わかっていれば、「ダイヤモンドのように」という比喩表現は別にいらないのです。

それではこれらの内容を踏まえて、一つ簡単な問題を解いてみましょう。

問　**次の文章の言いたいことを端的に説明しなさい。**

今回我が社からご提案させていただく商品は、この電子ピアノです！　鍵盤は八十八あり、幅広い音域の曲も演奏できます。世界を股にかけて活躍するピアニストである○○氏からも「まるで自分の身体の一部であるかのように弾きやすい」と、ご好評をいただいています。つまり、このピアノは世界レベルのクオリティーを持つと言っても言い過ぎではないのではないかとわれわれは自負しております。かの有名な音楽家である△△氏は「自分に完全に合う楽器との出会いがなければ、音楽家としての真の成功者とは言えない」と言っています。それだけ優れた楽器というのは、価値のあるものなのです。コックさんにとっての包丁・格闘家にとってのグローブなどと同じく、優れたピアニストの活動をサポートできる使いやすさ・クオリティーが、このピアノにはあると思っております。

いかがでしょうか？　一見素晴らしい文章のように見えますが、企業のプレゼンテーションとしては非常に中身が薄い内容となっています。特に相手が商品（電子ピアノ）に関してある程度の知識のある場合はなおさらです。ではこの中からおさえておくべき情報をピックアップしてみましょう。

今回我が社からご提案させていただく商品は、この電子ピアノです！　鍵盤は八十八あり、幅広い音域の曲も演奏できます。世界を股にかけて活躍するピアニストである**○○氏からも**「まるで自分の身体の一部であるかのように弾きやすい」と、**ご好評をいただいています。**つまり、このピアノは世界レベルのクオリティーを持つと言っても言い過ぎではないのではないかとわれわれは自負しております。かの有名な音楽家である△△氏は「自分に完全に合う楽器との出会いがなければ、音楽家としての真の成功者とは言えない」と言っています。それだけ優れた楽器というのは、価値のあるものなのです。コックさんにとっての包丁・格闘家にとってのグローブなどと同じく、優れたピアニストの活動をサポートできる使いやすさ・クオリティーが、このピアノにはあると思っております。

重要なのは太字傍線の部分だけです。**商品自体の特徴である八十八の鍵盤、有名なピアニストである○○氏も認めているという実績**、メモしておくべき内容としてはそれで十分です。特に文章後半の△△氏の引用・コックさんや格闘家の例え・「優れた楽器に価値がある」という当たり前の内容など、**自社の商品を買わせようとするために**話を膨らませているだけです。また○○氏の評価というのは実績として活用できるかもしれませんが、「身体の一部であるかのよう」という比喩表現は、別に誰でも言えることですし、特筆すべき内容でもありません。つまりこの問題の答えは次のようになります。

答え

我が社が提案する電子ピアノは、鍵盤が八十八鍵あり、○○氏も認めている逸品である。だから買え。

これだけのことなのです。いかがでしょうか？　抽象・具体を意識すれば、情報の核をつかむことも、また話を膨らませることも自由自在なのです！

これらのテクニックを駆使して、まず伝えるべき最低限の情報を絞り込みましょう。そうすることで頭の中も整理され、優れた説明をするための下地が整うのです。

◆準備編◆

第二章

相手を知る

1 相手の知識レベルに合わせる

私も教育業界が長いのですが、教師の中には「生徒のレベルに合わせた説明」ができない人が結構な割合でいます。本人は優れた大学を出て、豊富な知識を蓄えているのですが、それを受け持った生徒のレベルまで落とし込む作業が不十分なのです。なので「あの先生頭良すぎて、言っていることが理解できない」と生徒に言われてしまうことになります。

ビジネスの世界でも同じことが言えます。**相手のことを考えていない説明は、ただの独り語り**なのです！

ではどうすればよいのか？　次の二つを実践して下さい。

①相手に関する情報をできるかぎり把握する。

初対面の相手に説明する場合は、その相手についての下調べをできるだけしておきましょう。本人の業績・勤務先の規模・学歴などがわかると、そこから相手の知識レベルを推測できます。

②そこに合わせた説明を準備する。

相手の知識レベルがわかったら、そこに合わせた表現の仕方を工夫しましょう。専門用語をどこまで使うのか、その用語が伝わらなかったらどのような表現で言い換えて説明しようかなどです。

ただ相手の知識レベルが事前にわからないこともあります。そういうときは**基本的に専門用語をできるだけ避けるほうが無難です**。どうしてもその用語でなければ説明できない場合を除いて、多くの場合は簡単な言葉で言い換えられるものです。話しているうちに相手の知識レベルがわかり、「この人なら高度な話もいけそうだ」となったら会話のレベルを上げていけばよいのです。

2 相手と自分の立場を考える

たとえば上司相手なのか、部下相手なのか、年上なのか、年下なのか、得意先かどうか……面倒なことに、日本ではまだまだ相手と自分の上下関係を重視する風潮があります。まあ風潮というよりもはやこれは「相手が自分より強いかどうか」を判断する生物としての本能とも言えます。

そしてはっきり言えば、**「自分より立場が上の人への説明は準備を念入りにする」**必要があります。相手の知的レベルもできるだけ把握するように心がけたほうがよいし、説明中の相手の様子にも気を配ったほうがよいでしょう。話に食いついているか、退屈そうか、理解できてなさそうかなどを判断し、**相手のプライドを壊さないようにそれとなく説明の方向をわかりやすくシフトチェンジできればベスト**です。

特に**年齢や立場が上の人は、仮に自分がわからないことがあっても、素直に下の人に教えを請うことを嫌がります**。そういう人に絶対にやってはいけないのは**「○○についてご存じですか?」などとまるで教師のように発問すること**です。

こんなことを言われれば、仮にその人がそのことをわかっていたとしても「このやろう、俺がそんなことも知らないと思っているのか？　舐めているな」と感じますし、わからなかったらわからなかったで「偉そうにマウントとってきたな。それで私に勝ったつもりか？」と思われるに決まっています。**特に上下関係が強い体育会系の職場はそれが顕著です。**

「私の上司はそんな人ではない！　いつも部下に優しく接してくれる」とおっしゃる方もいるかもしれません。まあごく一部の方は、本当に「下から謙虚に学ぶ精神」がしっかり身についているかもしれませんが、大半の人は昨今のパワハラに過敏な風潮を意識して、我慢しているだけだと思います。**口に出して怒ってくるか、黙って静かにあなたへの評価を下げるか、それだけの違い**です。

こんなことを言うと「ではおべっかを使って媚《こ》びへつらえばよいのか？」などと思う人がいるかもしれませんが、そうではなく「**相手の立場を尊重し、不快な思いを抱かせないための配慮をする**」というだけの話です。もちろんビジネスの世界で自分の通さねばならない筋があれば、誰が相手であろうと通さねばなりません。でもそれ以外で無駄に相手と軋轢《あつれき》を作る必要はないでしょう。一番大事な目標である「**相手とのビジネスを成功させる**」**ために、相手と良好な関係を築くための**、ちょっとした工夫です。

3 相手が知りたいことを把握する

これから得意先に営業だ！　となれば、営業先にスマートに自社商品を説明できるように準備をすると思いますが、その際大事なのは**「自分が語りたいこと」と「相手が知りたいこと」の差異**についてです。

たとえばスマートフォンの購入などで、顧客側が必要としない有料オプションや機能の説明をだらだらとされ、料金や自分が使いたい機能に対してはわかりやすい説明が受けられずに消化不良を起こすことがあります。生産者・営業側は自社の利益になるシステムをPRして買ってもらい利益を増やしたいし、一方顧客側はセールストークに惑わされずに少しでも安くてよいものを買いたい……この溝だけは立場が違うのでなかなか埋めがたいのですが、それでも「顧客が本当に知りたいことをわかりやすく説明する力」があることに越したことはありません。社会には、あえて簡単なシステムをわかりづらく説明して、顧客を煙に巻いて商品を購入させる業者もいますが、結局トラブルにつながります。

したがって、**まずは「顧客・聞き手」の立場に立って、自分が彼らだったら何を知りたいかを想像して、その知識をしっかり準備しておきましょう**。自分が説明する商品・担当する領域に関して質問があっても、それに答えられないのは最悪ですが、**そもそも相手から質問が出ないくらい相手に寄り添った説明ができれば素晴らしい**ことです。

4 事前準備が説明の幅を広げる

前節までで、説明する相手を意識することが大事だとお話ししました。次は、その相手に向けた説明の事前準備の話です。

よく準備というと「俺はそんな面倒なことはしない！　アドリブを効かせて、出たとこ勝負だ！」という人がいます。よほどの天才か、あるいはその業種に何十年もいる超ベテランは別ですが、大半の人は説明前の準備はしたほうがよいです。もし準備不足によるピンチをアドリブを駆使して切り抜けられたとしても、「切り抜けられた」というのは百点満点の説明ではありませんよね？　もっとしっかり準備しておけば満点に近い説明ができたはずです。

もちろんどこまで準備しても不測の事態や質問が来る可能性は否定できません。そういう状況へのいわゆる「アドリブ的対応力」ですが、それも結局準備や勉強の積み重ねがあると、よりスムーズに発揮できます。

端的に言うと、プレゼン前の事前準備とは、次の四つです！

①何を聞かれても答えられるくらいの知識の準備
②その中からどれを説明するかの絞り込み
③どの順番で説明するか、どこに時間を割くかの配分
④実際に声に出しての練習

特に不慣れな人は②を意識して下さい。本書の一章でもお話した「情報の絞り込み」です。これをしないと「余計なことを話し過ぎる」ことになり、聞いている方の印象が大きく下がります。①で徹底的に知識を仕入れ、その中から前述した「相手が知りたいこと」と「自分たちが説明しなければならないこと」のバランスを考えて②を絞り込んで下さい。

そこからさらに説明のクオリティーを上げるために③や④が効果的ですが、これについては本書の三章・四章で詳しくお話しいたします。**まずは②の大事さを意識していただければ大丈夫です。**

5 公衆距離、社会距離、個体距離・密接距離に合わせた説明

相手に説明する際、「相手との距離感」も気になってくるところです。特に「相手と近い距離で一対一で説明する」場合と「大勢の聴衆に向かって一斉に説明する」場合では、声の張り方・目線の位置なども大きく変わります。そこでまず、一般的な対人間の距離について、よく言われる四種類を確認しておきましょう。

社会距離……120cm～350cm程度。商談などの距離。初対面の相手との距離はこれが理想的。

公衆距離……350cm以上。講演などの距離のイメージ。

個体距離……45cm～120cm程度。友人・知人との対話に適した距離。

密接距離……45cm以内。家族・恋人・親友などとの距離。

密接距離と個体距離に関しては、主にプライベートや仕事以外での対話が中心となる距離ですのでいったんおいておきましょう。ここでは「**社会距離**」と「**公衆距離**」にふさわしい説明についてお話しいたします。

※社会距離で相手に説明する場合（対話・発問型の説明）

前述の「相手と近い距離で一対一で説明する」場合です。人間というのは自分が集団の一部だと自覚すると、どうしても気が緩み、緊張感が薄くなりがちですが、**相手と一対一の場合は相手が「自分だけ」に語りかけているので、集中しやすくなります。というより、せざるを得なくなる**という感じですね。

したがって、集団相手よりは説明を理解してもらいやすい状況にあると言えます。しかしそれでも、よほど話術の巧みな方でもない限り、一方的にべらべらとこちらが説明しても相手は退屈してしまいます。また、集団相手に大げさなジェスチャーを一対一の説明で織り交ぜても、相手からはうっとうしがられるだけです。

それより、せっかく相手と一対一の場面なのですから、**相手と会話しながら説明していきましょう**。随所随所で質問を挟みながら、相手の発話を引き出すのです。教育業界でも、大手塾を中心に「生徒に一対一で講師の前で説明させる指導」を行う塾が増えてきて、人気を博しています。**「聞いているだけ」より「自分が発言する」ほうが頭も回転しますし、緊張感が増します**。そして自分の発言に対して相手から賞賛などの反応が得られれば気分も良くなり、口も動くし、それに応じて頭も回転します。集団の中で自分一人が発言するのは勇気が必要ですが、一対一ならばそうでもありません。

ではどのように相手の会話を引き出すかと言えば、これは**説明者側の発問の工夫次第**です。すでに2節「相手と自分の立場を考える」でお話ししたように、目上の人に対して純粋に知識の有無を聞くような失礼な質問をしてはいけません。ポイントは大きく次の二つです。

①「ご存じですか?」より、「どう思われますか?」

相手に知識の有無を聞いても、基本的には「知らない・知っている」としか答えようがありません。もちろん相手の知識レベルを把握してこちらの説明のレベルを決めるための作業としての発問は構いませんが、**それが許されるのはせいぜい説明の最初の一〜二回程度だと思って下さい**。そこからは事前調査などから相手の知識レベルを把握して、相手の発話を引き出す説明に移行しましょう。何度も知識の有無を聞かれても相手もイライラしますし、相手にこちらの説明内容に関する知識がない場合（B to Cのビジネスの場合は、よくあることですよね）、最初からその内容を説明するほうがマシです。

しかし、**ある程度の説明をこちらが行った後に、相手に感想について発問するのは効果的**です。その際、「**何についての感想を求められているのか**」を相手が明確にわかるように発問しましょう。たとえば、一時間近くも説明した上で「ここまでの説明について、何かご質問ございますか？」などと問われても、聞いているほうは範囲が広すぎて、もう前半の内容を忘れている場合もあります。そうではなく、たとえば「**ただいま説明させていただきましたプランに関して、どのように思われますか？**」などと問われれば、相手も何かしらコメントは出しやすくなるはずです。

②相手の答えに対して全否定はしない。

相手の答えが自分の望んでいたものだったら「その通りです！　さすが○○さんですね！」と、手放しで褒めればよいのですが、そうでなかった場合は「**そういう考えもあるが、自分はここで○○についてお話させていただきたい**」というスタンスでいきましょう。

特に「どう思われますか？」系の質問の答えは、まさにその人の考え方次第なので、相手の考えを正面から否定してしまっては、相手からの印象も良くありません。あくまで目的は自分の伝えたいことを相手に理解してもらうことなので、相手の意見や考えをしっかりと受け止め、**相手に自分の説明を聞いてもらう土台を作る**ことを心がけて下さい。

※公衆距離で相手に説明する場合（対話・発問型の説明）

　複数相手に説明する場面です。ちなみに私は、相手の反応を見ながら、タイミングを見計らって多人数の中から誰か一人を選んで発問する場合もあります。それは相手の性質や頃合いの見極めなどを必要とするやや難易度の高いテクニックです。基本的には、こちらの説明の仕方を工夫することが必要です。**具体的な話し方のコツは本書の四章にてお話しします**。ここでは一つだけ「**聞き手の反応に注意する**」ことをお話しします。

　説明そのものに慣れていない人は、とにかく用意した内容を滞りなく話すことで手一杯になってしまうことが多いのです。その上、複数のビジネスの相手に見られているという緊張感から余裕をなくし、「（説明を）やり遂げよう」という気持ちが前面に立ち、相手の表情や仕草までは観察する余裕がなくなることが多いでしょう。しかし目的は「人前でミスなく喋り続ける」ことではなく、「相手にわからせる・納得させる」ことなので、相手の反応から目を離してはいけません。特にこちらの説明中に、相手が次のような反応を示していたら要注意です。

①指で机を叩いたり、リズムをとっている。
②貧乏ゆすりをしている。
③頬杖《ほおづえ》をついている。
④髪の毛を触ったり、いじったりしている。
⑤席にふんぞり返って座っている。
⑥腕組み・あくびをしている。
⑦目線がこちらからずれていたり、目がうつろである。
⑧眠そうにしている。

このような場合は、心理学的にも相手はあなたの説明に集中できていません。早急に説明の軌道修正をしないと、相手の時間とあなたの努力が無駄になるばかりか、あなたの評価も下がってしまいます。逆に**相手があなたの説明に対して定期的にうなずいたり、逆に首をかしげる仕草を見せてきた時は、あなたの説明に意識が集中できている可能性が高い**です。このように相手の反応に気を配り、それに応じて説明の内容や展開を臨機応変に変えられるようになりましょう。

しかし実際は、聞き手が集団なので一人ひとりの反応に気を配るのは大変でしょう。まずは説明中に下や資料のほうばかり向かず、**しっかり聴衆全体を見渡すようにして、聴衆全体の中で集中して聞いている人が大半かどうかを確認**できれば十分です。慣れてくると、自分が説明している内容を頭におきながら、同時に聞き手一人ひとりの反応が確認できるようになってきます。

さて、いかがでしたでしょうか？　準備編はここまでです。「情報を絞り込んで、相手を把握する」までは、料理で言うところの「材料を準備する」ようなものです。次はいよいよ実践編として、実際にどのように説明をしていくかの話に移っていきます！

◆実践編◆

第三章

伝える内容を工夫する

さて、いよいよ実践編に入ります。「そろえた情報を相手に効果的に伝える」ためのテクニックを解説していきます。まずは内容面で、大きく分けると次の八つがあります。

❶ 最初に結論&自身の思いを伝える
❷ 理由・根拠は三つが理想。そして客観的事実であれ
❸ 効果的な具体例・比喩表現を使う
❹ 「自分語り」の使いどころ
❺ 外来語・慣用表現等の使いどころ
❻ 予想される反論を論破する
❼ 「カットできる部分」を用意する
❽ 最後に話をまとめる

「八個もあるのかよ。大変だな」と思われるかもしれませんね。大丈夫です。**不慣れな方は最初は❶、❷、❼、❽あたりから実践されることをお勧めします。**

なぜならば、それ以外の❸、❹、❺、❻は本論に追加する装飾的な要素が強いからです。これらを使うと話術としてのクオリティーが上がって、より相手に「話が上手だな」と思ってもらえるというメリットがあります。

「別にテクニカルなスピーチができなくても、まずは誤解のないようにしっかり自分の説明を相手に理解してもらいたい」という方は、❶、❷、❼、❽だけしっかりやるのもよいでしょう。

それでは、具体的に一つずつ見ていきましょう！

1 最初に結論&自身の思いを伝える

説明の最初に「本日は○○についてお話させていただきますが、私はこの件に関して△△と考えます。なぜなら～」と明示しましょう。「結論先延ばし」は聞いている人をイライラさせます。昔から日本人はよく結論をぼかして曖昧《あいまい》な表現を好むと言われます。たしかに相手の心情を察して、あえて結論をはっきり言わずに相手を思いやることで波風が立たないようにするという場面もありますが、それは**こちらが伝えたい結論を相手自身に自分で考えさせたい時**や、**心が傷ついている人にわかりきった結論を改めて明示してそれ以上傷をえぐることを避ける**という目的がある場合です。説明の場では「わかりやすく伝える」ことが最重要なので、そういう配慮はここではおいておきましょう。最初に説明するテーマ、そして結論もしくは自説、そこからその理由という流れが基本です。

2 理由・根拠は三つが理想。そして客観的事実であれ

自説を述べたら通常はその理由を根拠とともに述べることになるでしょう。そして**その数は三つが理想**と言われます。これには次のような理由があります。

①「日本人は『陰陽思想』の影響で昔から三を尊ぶ考えがあった」

古代中国から日本にやってきた陰陽思想では、奇数を陽の数として尊び、偶数を陰の数として嫌う風習がありました。そしてその尊ばれた奇数の中でも、一は物事の始まりを表す神聖な数で、三は次にくる**最も区切りが良く、縁起の良い数**と言われてきました。また昔からある諺《ことわざ》でも、「石の上にも三年」「三度目の正直」「仏の顔も三度まで」など、三に関わるものがたくさんあります。これらのことから、**日本人は歴史的にも三という数を非常に尊んでいた**ことがわかります。

②「三はバランスがよい」

机に足が二本ではバランスがとれませんが、三本なら安定感が出ます。また「じゃんけん」なども、三つの選択肢があるから強弱の差が生まれず、実力が拮抗《きっこう》するのです。これらのことからもやはり、**三という数はわれわれに安心感をもたらす**のです。

③「人間の脳の構造的に、三〜四が覚えやすく、瞬時に判断しやすい」

人間の脳というのはいろいろなことを記憶できますが、じつは瞬時の判断力というのは意外とないものです。信号が三色であるのも、色が三つくらいならば人間は瞬時に判断することができるからです。これが五色以上になってくると「あ！　ああー!?　あの色は、止まれだったっけ？　えーと」という具合に、一瞬の迷いが生じてしまい、事故にもつながりかねません。試しに誰かにあなたの目の前にマッチを何本か置いてもらい、その数を一秒以内で数える遊びをやってみて下さい。数的能力が際立って高い人以外は、三〜四本くらいならば一瞬で数を判断できるでしょうが、これが七〜八本になってくると、数えるまで数秒かかるのではないでしょうか？　ですので**三という数はわれわれの脳みそに負担をかけずに記憶できる数**と言えるのです！

さて、そしてその三つの根拠ですが、これは**できるだけ客観的なものが望ましい**ですよね。プレゼンならば数値的・法的な根拠、あるいは一定の母数のあるアンケート結果など、とにかく主観的な自分の意見だけではないのだということを示すことが大事です。

またこの根拠ですが、**あまりにも自分の主張にマッチしたところばかりピックアップしても逆に嘘くさく感じられてしまいます**。自社の商品の効果を肯定的にとらえる人だけピックアップして「我が社の商品はご覧の通り100%のお客様から『大変良い』と評価をいただいています」と言っても逆に、信憑《しんぴょう》性が落ちてしまうということですね。有名な話ですが、洗剤などのCMで、使用後の映像に少し汚れを残しておくものがありますね。あれは製造責任法で決まってもいるのですが、すべての汚れが完璧に落ちると宣伝しても、逆に嘘くさくなってしまという理由もあります。「完璧」な商品などは存在しないが、それでも我が社の商品は他社のものより完璧な姿に近づけている。あるいは、この部分は他社に劣るかもしれないが、この点においては同業のどこにも負けない、という売り出し方で、自社の商品を自然にＰＲするのが、一番バランスが良いでしょう（ただし、これはあくまでも日本企業の場合で、欧米等の企業の場合は、もっとガンガン押せ！　と怒られる場合もあります）。

3 効果的な具体例・比喩表現を使う

本書の第一章で「本文を素早く理解するために具体例を削れ！」と述べました。なぜなら具体例はあくまで本文のメインである主題（抽象的内容）を理解させるための補助的ツールだからです。しかし裏を返せば、**あなたが説明したいことのメインが難しい内容ならば、具体例を使ってわかりやすく説明することは効果的**なのです！

ではどんな具体例を使えば相手にわかりやすく伝わるのか、ここは説明者のテクニックとして大事なところです。具体例がわかりづらければ、逆にますます内容が相手に伝わりづらくなってしまいます。主に次の点に注意すれば効果的に具体例を説明に盛り込めると思います。

①なるべく相手の世代や環境に合わせた、世間的認知度の高い（わかりやすい）例を使う。

相手が平成生まれなのに、昭和のアイドルを例に出してもしかたがありません。また中高年世代が中心の場合、十代・二十代にはやっているYouTuberやアイドルの例を出しても、「誰それ？」となってしまうでしょう。**まずは対象者の中心的世代に合わせ、その中でジャンルを問わず誰もが知っている例を用意**しましょう。ただし、説明を聞く人びとが特定のジャンルにはっきりと絞られている場合は、その範囲にのみ通じるニッチな例を出すことで逆に相手を喜ばせるという応用スキルも存在しますが、これは**相手がこちらの説明に慣れてきて、全体として肯定的で暖かい空気ができてから使える手法**で、使いどころが難しいやり方なので、初心者にはお勧めしません。

②そもそも使いすぎない。一つのテーマで一回が原則。説明全体でも二～三回以内。

前述のように、具体例は主題（抽象的内容）を理解させるためのツールです。一つのテーマにつき具体例は一つで十分です。具体例をいくつも提示されても「わかったから早く次の話に行け」と思われるでしょう。プレゼン・講演などの説明の場でテーマがいくつもあると、聞き手に混乱を及ぼしますので、**全体として使用する具体例は多くても二〜三回**といったところでしょうか。とにかく具体例は「テーマがわかればそれでいい」のです。また、出す具体例によってはウケを狙えることもありますが、そのウケ狙いの具体例にしても、何度も使用すればウケなくなりますからね。

また、「比喩表現」ですが、これも具体例と同じく「**相手にとってわかりやすい**」ものに「**絞って**」使う必要があります。ただじつは、比喩表現は具体例よりさらに使いこなすのが難しい技法なのです。「**どういうもので例えるか**」が大事なのです。その際のポイントは一言で言うと次のようになります。

※似ていて、同時に距離がある

具体例を使ってわかりやすく説明します。次の問題を解いてみて下さい。

問　次のア～オの文のうち、**最も比喩表現の使い方が優れているもの**を一つ選び、記号で答えなさい。

ア、日本企業の社員は、まるでロボットのようだ。
イ、彼の働きぶりは、まるでクマバチのようだ。
ウ、このラーメンはとても美味しい！　まるで「ラーメン二郎」のラーメンのようだ。
エ、彼の筋肉質な身体は、まさにマッチョそのものだ。
オ、あの営業マンはさっきから休みなくしゃべり続けている。マシンガントークは勘弁してほしいものだ。

答え　オ

解説

ア　一般的に日本人は周囲との和を重んじるあまり、個人的な主張を控えて上司の言うことに逆らわず素直に言うことを聞く傾向が強いと言われる。それを「ロボット」と形容したいということなのであろうが、「日本企業の社員」をそのまま「ロボット」に当てはめても**飛躍し過ぎてわかりづらい（距離がありすぎる）**。それなら「日本企業の社員**の従順ぶり**」を「ロボット」に当てはめるなどすれば、両者に適度な類似性が発生する。

イ　蜂の中でも「働き蜂」と言われるのはミツバチであり、すなわち「よく働くこと」を「クマバチ」に当てはめるのは蜂違いであり、**間違った知識からくる比喩表現となってしまう**。

ウ　一般的に「ラーメン二郎」は、にんにくや野菜・背脂・豚肉を大量に使ったボリューミーなラーメンとして有名であり、ただ「美味しい」ものの代名詞として活用するには範囲が広すぎる（ラーメン二郎が美味しいかどうかという話ではなく）。ラーメン二郎を比喩表現として使用するならば「ボリューミー」「にんにくたっぷり」「量が多い」などの、**より具体的な項目に当てはめて使うべき**。

エ　「マッチョ」という言葉は男性が持つ「強靱さ・たくましさ・筋肉美」などを示す。つまり「筋肉質」と「マッチョ」という言葉はほぼ同じ意味なので、比喩表現には使えない。**比喩表現は基本的に異なるものを例えないといけない**。卵を「まるでエッグですね！」と言っているのと同じ。

オ「休みなくしゃべること」を、休みなく弾を発射できる「マシンガン」に当てはめる、まさにこれこそ適切な距離感を持った比喩表現と言える。

いかがでしょうか？　比喩や具体例は本来相手にわかりやすく説明するためのツールなのに、使い方を間違えると逆に相手を混乱させてしまうことになりかねません。使用頻度・例えるものと例えられるものとの距離を意識して効果的に使用しましょう！

4 「自分語り」の使いどころ

説明者であるあなたが自分自身の経験や生い立ち、あるいは主観的な感想を語る「自分語り」ですが、これはもちろんやり過ぎると「お前の独演会を聞きにきたわけじゃないんだ！」と、嫌がられるでしょう。

しかし、聞き手にあなた自身を知ってもらい、聞き手の共感を誘う手法として自分語りを効果的に用いることもできるのです。ポイントは「**ギャップ**」です！　よくドラマや漫画のキャラクターで、クールで冷たい感じのキャラがたまに見せる人間臭い部分がありますよね。あれに視聴者は惹かれるのです。説明でも同じことです。**そこまでデータや数値を使ってかっちりと自社の商品を説明していた人が**「じつは私自身も◯◯でして……」と人間らしさを見せることによって、相手に親近感をもってもらえますし、商品だけでなくあなた自身にも興味をもってもらえます。興味のない人間・信用できない人間からものを買おうと思う人はいません。ただ前述のように、**あくまで論理的でわかりやすい説明をした上で、あなたの人間らしさを出すことが大事**です。

そしてもちろん、**自分語りは長すぎてはいけません**。あくまで本題の説明の箸休めの位置づけです。論理的な説明が続いて頭がちょっと疲れた聴衆に、ちょっと和みを与えて頭を休憩させるくらいのイメージです。あなたの自分語りで聞き手がほどよく笑い・和み、聞き手の笑顔を見ることができたら、「それでは本題に戻りますが」と、しっかり引き締めましょう。そのバランスが大事なのです。

5 外来語・慣用表現等の使いどころ

ＩＴ系やベンチャービジネス系の文章に多いですね。いわゆる「横文字多用」です。横文字を使う場合でも、説明は「相手にわかりやすく」が基本です。**その横文字でなければ言いたいことが表現できない（該当する日本語が存在しない・思いつかない）場合にのみ使用しましょう。**

横文字を説明に多用することで、グローバリゼーションの波に乗っている最先端の演説をしているような錯覚をしがちですが、**相手が日本人ならば、素直に日本語変換して説明したほうが聞くほうも楽なのは間違いありません。**「頭の中で横文字を日本語に変換する作業・知らない横文字の意味を前後の文脈から想像する作業」を「説明そのものを理解する作業」と並行して行わなければならないのですから当然でしょう。

では、諺《ことわざ》や故事成語などの慣用表現はどうでしょうか？　これは横文字と比べて会話に多用する人はあまりいませんが、説明者本人の学を示すために使う人はいます。じつは私も授業や講演などで使用することがありますが、これらは使いどころが大事です。一番効果的なのは、**説明の最後の締めとして、説明内容に一番適した、あるいは自分自身の気持ちを端的に表した慣用表現を一発使用して話を締める**方法ですね。こういう使い方をすると、その慣用表現自体を知っているという学を示せるだけではなく、説明を聞いた人の頭の中にその慣用表現とそれが示している説明内容が残りやすいのです。

例を一つ示します。ある講演の最後の締めというイメージです。

「皆様、本日の講演はいかがでしたでしょうか？　現在はコロナ禍や不景気などさまざまな荒波が日本を襲っていますが、**『雲外蒼天《うんがいそうてん》』という言葉もあるように**、この厳しい状況を乗り越えれば、その先には必ず希望の持てる社会が待っています。その時に向かって、お互い協力して頑張っていきましょう！　本日はご静聴ありがとうございました」

いかがでしょうか？　こんな感じで、ちょっと難しめな諺を最後に適切に使うと、話全体がうまく締まりますよね！

6 予想される反論を論破する

これは説明の中でも、**自身の主張を述べてそれについて説明する**際によく使われるテクニックです。いわゆる「譲歩→逆接→主張」スタイルですね。

「**たしかに**○○と言われることもよくありますし、それも一つの事実かもしれません。**しかし**我が社は△△に関してはどこにも負けない自信がありますので、ぜひご安心いただきたいと思います！」などというように使います。

「世の中には完璧なものなどない」ということをわれわれは理解しています。したがって、相手から商品や企画を説明されている時も「良いところばかり言うけど、欠点がどこかにあるはずだ。それを知らずに購入して、後からその欠点に気付いて損はしたくない」という思いがあり、それが相手に対する疑いの目となります。ですので、あえてその欠点を最初に相手に伝えて「私はあなたをだますつもりはないので信じてください！」と、相手の心に取り入るのです。

この手法を使って説明をする際にもポイントがあります。

①自社の信用にダメージがない部分を譲歩する。

説明する商品や企画のウリの部分には一切影響がない部分、あるいはそこに対して万全のフォロー体制を用意できている部分を譲歩部分として下さい。言い換えると譲歩の後の逆接の内容で、完全にその譲歩部分を問題ないと相手に理解してもらう必要があるということです。

②相手によっては使わないほうがよい

正直この手法は、少しでも使いどころを誤ると相手の信用を損ないかねないものなので、**説明の時点で逆接部分に万全の自信がない場合は使わないほうがよい**でしょう。また前述のように欧米の企業など、そもそも譲歩すること自体が自社の商品に自信がなく見えるという考えを持つ相手の場合、逆に相手に付け入る隙を与えてしまいます。特にプレゼンではなく、商談や交渉の場面で、最初から最後まで強気にいったほうがよい場合もあります。強気に説明して、相手からこちらの弱点部分について質問された場合、「それは○○のようにしてすでに解決策を用意できているので、なんの問題もない！」と強気に返すというパターンもあります。**特に海外で仕事をする場合**、「日本人は謙虚な民族だから、そこにつけ込んでやろう」と思っている外国人も多いでしょうから、相手を見て強気にいくかどうかをうまく判断しましょう。

さて、それではこの「譲歩→逆接→主張」のパターンをより確実にするために、次の問題を解いてみて下さい。

問　次のア〜ウの中から、プレゼンとして**適切でないもの**を一つ選び、記号で答えなさい。

ア、「今回ご紹介させていただくのはこの浄水器です。一般的に浄水器というのは内部の清掃がしづらいと思われている方が多いかもしれませんが、今回の商品は備長炭を使った自動濾過《ろか》機能が搭載されているので、面倒な清掃を一切せずに、常においしいお水をお届けできるのです！」

イ、「今回ご紹介させていただくのはこの保険です。掛け捨てタイプの生命保険は多くの方が損だと考えていらっしゃると思いますが、積み立てタイプの保険と比べるとその分月々の保険料が安いので、結果的にご負担が少なくなることもありますのでご安心下さい！」

ウ、「今回ご紹介させていただくのはこの掃除機です。掃除機というと『音がうるさいので深夜や早朝は使いにくい』と思われる方が多いですが、この商品は二つの気流を駆使したシステムに加え、流路や集塵《しゅうじん》部をスムーズな設計にすることで60dB以下の稼働《かどう》音を達成しました！」

答え　イ

解説　アとウはそれぞれ「自動濾過機能」「60ｄＢ以下」と、譲歩部分に対して具体的な対策が提示できているが、イは一般的な掛け捨てタイプの保険の特徴を説明しているだけで、**「自分が紹介する」保険が具体的にどのような対策を講じているのか**を明示できていない。

7 「カットできる部分」の用意

第二章で学んだ通り、説明には「十分な知識の確保→説明する部分の絞り込み」が必要です。ではどこをカットするかと言えば、**第一章の3でお話しした「具体例・引用部分・比喩」**などが中心となります。

まず、説明やプレゼンに与えられた時間から逆算して、必要度の低いところを順番に削っていきましょう。「これは前の内容を言い換えただけだからカット！」「この○○の説明は参加者の大半がご存じだろうからカット！」「このネタは聴衆の雰囲気が暖かかったらウケ狙いで言ってもいいけど、当日の雰囲気次第で**カット候補**だな」という感じです。

また、説明の前にあらかじめ情報を絞っておくことも大事ですが、**当日の相手の反応や雰囲気、あるいは制限時間の残り**などに合わせてカットできる「カット候補」を用意しておくことも大事です。いくら準備を頑張っても説明本番は全部が全部想定通りにいくとは限りません。よほど話がおもしろい人でない限り、規定時間を大きく超えてしまう説明や講演は聴衆から嫌がられます。**伝えるべき部分をしっかり話した上で、時間調整や聴衆の体力を考えて適宜カットできる部分を用意して、上手に持ち時間を使い切る**ということもテクニックの一つですね。

8 最後に話をまとめる

長い講演やプレゼンの場合、説明者は順を追って話しているつもりでも、聞いている人はそのすべてを説明者の意図通りに整理しながら理解できているとは限りません。むしろ「長い話だな〜。結局この人何が言いたいんだろう……」と思われることも少なくありません。あらかじめ用意されたレジュメなどに基づいて話している場合ならばまだしも、口頭説明が中心の場合、聞いている人は**聞き取った内容を自分で頭の中で整理し直さないとならない**ので、説明者の想像以上に聞いている人に集中力を要求します。特にそれがビジネスレベルの内容なら、なおさらです。

ですので、数十分レベルの長い説明の場合は最後にはっきりと**「最後に今までの説明の要点をまとめさせていただきます」と宣言して、伝え直しましょう**。ここではっきりと「まとめを伝える」ことを宣言して下さい。相手に「まとめだ！　ここだけはしっかり聞いておかないと！」と、気合いを入れ直す時間を与えてあげられますからね。

話し好きな人は、つい調子に乗って（聴衆の反応が良いとなおさら）余計なことや必要以上に自分語りなどが入って、話が長くなりがちです。そういう人こそ、自分の話のどこがしっかり覚えておいてほしいところなのかを、最後にまとめて伝えて下さい。**まとめに要する時間の目安は三十秒前後**といったところです。「まとめ」なのに、それがまたダラダラと説明の内容を繰り返すようなものになってしまってはいけません。具体例や比喩や自分語りや譲歩部分などをすべて省いた**「説明のテーマ」「その理由」**だけで大体三十秒になるでしょう。

ここも大事なので問題演習しておきましょう。

問　次のア～ウの中から、「説明のまとめ」として、最も適当なものを一つ選び、記号で答えなさい。

ア、「最後に本日のプレゼンのまとめをさせていただきたいと思います。今回我が社がご提案させていただいたSＤＧｓを踏まえたリサイクル商品の展示イベント『リユース』は、自社の利益だけでなく地球環境全体のことを三つの視点から考えたもので、このイベントのために多くの準備をさせていただきました。有名な環境活動家の〇〇氏が『これからは複数の視点からの活動が環境保全に必要である』とおっしゃっていましたが、それを十分に踏まえた今回の企画は、必ず来場者の皆様に環境保護の大切さを実感していただけると思いますので、ぜひご協力よろしくお願い申し上げます。本日はご静聴ありがとうございました！」

イ、「最後に本日のプレゼンのまとめをさせていただきたいと思います。今回我が社が紹介いたしました新製品の目覚まし時計『絶対起きる君』は、「音だけでは起きられない」「起きても眠いままだとすぐ二度寝をしてしまう。眠気そのものをなくしてくれる目覚ましがほしい」という多くの方々の声に応えるために開発した商品です。目覚まし音とともに眠気を覚ます特性フレグランスが排気口から排出され、二度寝を防いでしっかりと一日を過ごせるような工夫がされております。排気口の内部に付属のフレグランスを定期的に補充していただく手間は必要ですが、それを補って余りある快適な目覚めを保証いたします。ぜひお買い求めいただきたく存じます。本日はご静聴ありがとうございました！」

ウ、「最後に本日の講演のまとめをさせていただきたいと思います。今回の『売り上げアップのための営業改善法』の中で私が皆様に一番知ってもらいたいことは何よりも『顧客の性質を予想した綿密なデータ分析』です。ＡＩによるデータ分析が当たり前になっている昨今において、店長個人の大雑把な主観だけで仕入れをして、その結果大量に廃棄を出してしまうチェーン店を抱えているような企業は他社に出し抜かれますし、何より社員の生活を守る給料を捻出することもできません。本日この日から、皆様の売り上げに対する意識が大きく変わることを期待します。ご静聴ありがとうございました！」

答え　ウ

解説　アは「環境活動家」の話が具体例なので、最後のまとめには不要。プレゼンの中頃に入れるべき。イは「多くの方々の声」を具体的に述べる必要がない。こういうのはプレゼンの冒頭近くに入れておけばそれで十分。また、「フレグランスの補充の手間」という譲歩部分もまとめに入れる必要はない。

ウは、一番聴衆に知ってもらいたいことを端的に述べ、それが必要な理由もわかりやすく述べられている。これが説明のまとめとしては最も整理されていて、聴衆の心に残るものとなる。

◆実践編◆

第四章

相手に伝わる話し方をする

さて、「何をどう説明するか」についてはこれで十分情報が揃いました。しかし、じつは大事なのはここからなのです！

本書を執筆するにあたり、説明に関する多くの類書を拝読しましたが、「どういう内容を説明するか」について書いているものは数あれど、「どのように話すか」について書いているものは比較的少ないと感じました。

じつは説明において一番必要なのは「話し方」です。第三章までご紹介してきた内容を基にいくら説明する内容を工夫しても、**その内容を下を向いて暗い顔でボソボソ話しているようでは全く意味がありません！　はっきり言って時間の無駄です!!!**

人間は五感を駆使して情報を吸収するので、説明者の顔・声、あるいは服装や話している会場の雰囲気など、あらゆるものが説明内容の吸収に関わってきます。YouTubeなどの一流の予備校講師や政治家の演説の動画を見てみればわかりますが、彼らは話す内容だけでなく、見た目や話し方にも細心の注意を払っています。

そういう方々の動画を見て、すぐに真似して話せるようになれば楽ですが、それはなかなか難しいものです。したがって本書ではわかりやすく、「相手に伝わる話し方」のテクニックを解説していきたいと思います。繰り返しますが、**話し方が駄目だと、せっかく練り上げた説明**

の内容も台無しになるので、ここはしっかり習得して、ご自身のものとしていただきたいと思います。次の項目を一つ一つ解説していきます。

❶「ファ～ソ」で話す

❷話の適切な区切り方・「間」の必要性

❸大事なところはゆっくり、強めに、相手の目を見て

❹「問いかけ」で相手に緊張感を与える

❺「手」はどうしていますか？

❻「発声練習」によって「聞きやすい声」へ

六項目すべて併用した説明を、すぐに行うのは難しいでしょう。

まずは一つ一つ実際に言葉に出しながら実践してトレーニングしていきましょう。

1 「ファ～ソ」で話す

一般的に**相手に伝わりやすい音域として「ファ～ソ」が良い**とよく言われます。声というのは低いと相手が聞き取りづらく、逆にキンキンと高すぎても耳に痛く、聞いているとストレスを感じます。話し方という点では「**最悪**」な、わかりやすい例として駅のホーム・電車内でのアナウンスをあげさせていただきます。特に中年男性のアナウンスに多いのですが、そもそも低い声だと聞き取りづらいのに、声も張らないし滑舌も悪いし、さらには駅のマイクというのは雑音や音割れがひどく、まったく何を言っているのかわからないアナウンスが少なくありません。乗り換え情報や電車の遅延などの運行情報の、乗客の旅程に直結する大事な情報なのに、本気で意識して聞こうとしても聞き取れない時があります。駅の職員の方々には、お願いですから研修に発声練習を取り入れてほしいとつくづく思います。もしくは本書を全職員にご推薦いただきたいですね（笑）。

音域の話に戻しましょう。低すぎず高すぎず、程よく響いて聴き取りやすい音域がファ～ソ

なのです。

といっても絶対音感の持ち主でなければ、メロディのないただの声をファ～ソの音域で出せと言われてもピンと来ないでしょう。私のよく使う例なのですが、「アルプス一万尺」の歌が、

> **アル**プス**いち**まん**じゃ**く　**こやり**の**う**えで
> **アルペ**ンおど**りを**　さあおど**りまし**ょ

ちょうどよい感じでファ～ソの音域を多用しています。ちなみにキーはFです。つまり最初の一声が「ファ」から始まる感じですね。そうすると次の文の太字傍線の部分がファ～ソになります。

いかがでしょうか？　歌詞の半分以上がファ～ソなので、これを歌ってみると「ファ～ソを中心に話をする」ということの感覚がつかみやすいのではないでしょうか？

あるいはイメージで話したほうがわかりやすいかもしれません。知人との会話において、普段よりやや声を張り、かといって「叫ぶ」とまではいかず、数メートル先に声を放る感じですね。声を張りすぎてしまうと、聞いているほうも疲れますし、ご自身の喉も痛めかねません。ちょうどよい声の響かせ方である「ファ～ソ」の音域での話し方をマスターして下さい！

2 適切な話の区切り方・「間」の必要性

私自身の話ですが、説明する際、若干早口になります。自分のしゃべりを録音して聞いてみると実感してしまいます。それでも予備校の授業アンケートなどでは「話し方」の項目はいつも高評価をいただきます。なぜか？ **基本的な話すスピードは速めであっても、要所要所でしっかり話を区切って、間を空けているから**です。文章を読むのと同じですね。句読点がなく、延々と続く文は読みづらく、理解しづらいですよね。ぜひ、口頭説明の際も、適切な箇所で話を区切って、間をとりましょう。

では具体的にどこで間を空けるのか？ これは基本的に「**文章で句読点をつける場所**」ということになります。ではそもそも「句読点をつける場所」はどこかというと、じつは文章のどこを強調したいかなどによって決まるので、唯一絶対的な法則はありません。ただ比較的わかりやすい形で説明すると、次のようなパターンが有名です。

一般的に人が息継ぎするタイミングで読点（、）を打つ。
一般的に「主語と述語」が一つずつ出てきたら、その時点で読点（、）を打つ。
一文の最後に句点（。）を打つ。

じつは他にもいろいろ細かいルールがあるのですが、ここでは具体例をご覧いただいたほうが早いと思います。第三章で使用した文章を、再度提示します。**句読点・話の区切り方に注意してご覧下さい！**

「最後に、本日の講演のまとめをさせていただきたいと思います。今回の『売り上げアップのための営業改善法』の中で、私が皆様に一番知ってもらいたいことは、何よりも、『顧客の性質を予想した綿密なデータ分析』です。AIによるデータ分析が当たり前になっている昨今において、店長個人の大雑把な主観だけで仕入れをして、その結果大量に廃棄を出してしまうチェーン店を抱えているような企業は他社に出し抜かれますし、何より、社員の生活を守る給料を捻出することもできません。本日この日から、皆様の売り上げに対する意識が大きく変わることを期待します。ご静聴ありがとうございました。」

いかがでしょうか？　一般的な文章の句読点もそうですが、**大事なことを言う前の部分でも**読点を入れてみました。これらの部分を区切って読むことによって、聞いている人も説明の内容を理解しやすくなります。

また、間の空け方ですが、これも一つではありません。基本的に会話の間というのは、**話している内容を相手に理解してもらうためのもの**です。特に人間の脳は、自分にとって新たな情報が入ってくると、理解に一定の時間を要するので、**大事なことを言う際にはしっかり間をとる必要があります**。

余談ですが、日本では「世間」「人間」「間合い」「間抜け」などの、間を使う言葉がたくさんあります。それだけ間というものを日本人が重んじてきたということになります。

ではどのように間をとればよいのか？　大きく次の三パターンに分けられます。

①一**秒**……前述の「句読点の位置」に空ける間。一つの話題の中で、話の流れを組み立てる際に息継ぎのタイミングで入れていく間。

②三**秒**……衝撃的な事実や、感情を含む内容を相手に伝える前後に入れると効果的な間。話者の言葉や、その言葉に込めた感情が相手の脳に届くのに十分な時間。

（例）「……本当に、申し訳ありませんでした……」
「……私は、その時自分の無力さを痛感しました……」

③五秒……大人数相手の講演等で、聴衆のざわめきがおさまるまでに無言で待つ間。あるいは聴衆全体に問いかけ、考えさせるための間。これくらいの秒数になると、それが会話の中の自然な間ではなく、何か発話者の意図が含まれているか、あるいは何かトラブルが起きたかと聞き手に思わせ、その間の意味について聴衆が考え出すことになります。つまり「**何が起きたんだろう？**」と思わせるということです。

状況に応じてこれら①～③を使い分けていくことになります。わかりやすくイメージを示すと次のようになります。

講師登壇
↓微笑しながら客席正面を向いて、五秒ほど無言で待機する。
↓客席が静まったところで、一呼吸おいて話し出す。
↓話の中で、一秒の間を「句読点の位置」に使用していく。

↓「皆様、○○についてどうお考えでしょうか？」と、客席に問いかけた後に、五秒待つ。

↓「じつは……私は△△だったのです……」（……の部分は約三秒間）」など、衝撃的な事実の前後は間をとる。

↓五～十分に一度くらいのタイミングで、笑えるポイントを挿入する。

↓「以上で私の話を終了させていただきます。長い間ご静聴ありがとうございました！」（拍手の間に五秒間の礼）

3 大事な所はゆっくり、強めに、相手の目を見て

間の区切り方と同じくらい、話の緩急は大事です。話の要点となる所にアクセントを入れ、その際、**原稿に目を落とさないでしっかり聴衆の目を見て下さい**。

長い講演などで内容を丸暗記して、ずっと前を見ながら話すのは容易ではありませんが、だ

からといって原稿に目を落としっぱなしもいただけません。ですのでタイミングとしてはこの「大事な所」でしっかりと相手の目を見て、強調して話すのです。具体的に前述の「2　適切な話の区切り方・「間」の必要性」で使用した文でポイントを示してみましょう。

「最後に、本日の講演のまとめをさせていただきたいと思います。今回の『売り上げアップのための営業改善法』の中で、私が皆様に一番知ってもらいたいことは、何よりも、『顧客の性質を予想した綿密なデータ分析』です。ＡＩによるデータ分析が当たり前になっている昨今において、店長個人の大雑把な主観だけで仕入れをして、その結果大量に廃棄を出してしまうチェーン店を抱えているような企業は他社に出し抜かれますし、何より、社員の生活を守る給料を捻出することもできません。本日この日から、皆様の売り上げに対する意識が大きく変わることを期待します。ご静聴ありがとうございました。」

※　　部分を強めに発音。　　で囲まれている部分は特に強く発音。

最後に・まとめを……講演の最後の内容であることを示し、講演のまとめの内容をしっかり聴衆に理解してもらう必要がある。

最後に、本日の講演のまとめをさせて～
～知ってもらいたいことは何よりも『顧客の
データ分析』です。～出し抜かれますし
何より、社員の生活～すること
もできません。本日この日から皆様の
～

何よりも・何より……他のことより大事なので、しっかりと頭に刻みつけてほしいという思いを伝える。

『顧客の性質……データ分析』社員の生活……できません……聴衆に一番伝えたい内容なので、大きく、ゆっくり伝える。

本日この日から……講演の内容を「聞いただけ」で終わらせないで、即効性を持たせるためにすぐに実行してもらいたいという思いを伝える。

また、大きな会場で広範囲に聴衆が広がる場合は、正面の人びとだけでなく、**その左右の聴衆のほうにも適度に目を向け**、「私は本日話を聞いて下さっているお客様全員に語りかけています」ということが伝わるようにしましょう。かといって、あまりあちらこちらをキョロキョロしても落ち着かない印象を与えてしまいます。イメージとしては**「正面・左・右」を「4対1対1」程度で見る**のが一番バランスが良いと思います。

さて、相手の目を見る・大事な所をゆっくり、強めに話す・話を区切って「間」をとる、など、いろいろと話し方を紹介させていただきました。これらは形式的にやるものではなく、あくまで**「話をしっかり聞いて、理解して、一人ひとりに自分のものにしてほしい」という話し手の思いを聴衆にしっかり伝えるためのもの**です。「あ！　そろそろ右向かなきゃ！」とか「あ！　ここで区切らなきゃ！」とか、マニュアル的に話しても、動きや話し方がぎくしゃくしてしまい、かえって不慣れな演説になってしまいます。自然にこれらができるように、**何度もイメージトレーニングをしてみるとよいでしょう**。

4 「問いかけ」で相手に緊張感を与える

塾や学校で集団授業を行う際、私は生徒に授業に集中させるためによく発問をします。古典文法などの知識重視の科目の場合は、授業内容を覚えているか確認するために名指しで多数の生徒に発問します。現代文で難解な評論文の解説を行っている場合は、「全体に問いかけ『ちょっと皆さん考えてみて下さい。後で誰かにその答えを聞いてみますね』→数分後に『では○○さん、どう考えましたか？』」などの仕方で生徒の思考を促すように発問する場合が多いです。相手は生徒（子ども）で、しかも内容が勉強なので、よほど面白い内容や話し方でない限り、長時間一方的に指導者の話を聞いているのは退屈でしょう。

そしてこれは、聞き手が大人でも本質的には変わりません。講師が調子に乗って、自分の話したいことだけを、聞き手のことを考えずにしゃべり続けていたら、聞いている人は退屈です。しかしだからといって、頻繁に聴衆個人に「○○の答えは何ですか？　はい、そこの赤いネクタイのあなた、お答え下さい！」と聞きまくるのも考えものです。なにしろ相手は大人

（自分より年長者や立場が上の人も含む）なので、生徒にするような話し方をすれば「馬鹿にしているのか」と不愉快に感じられる方もおられるでしょう。また、大人でも答えが出せないような質問をして、その人が衆目の中で答えられずに黙ってしまった場合、「少し難しかったですかね」などと下手なフォローをしてしまったら、答えられなかった本人は「恥をかかされた」と思ってしまうかもしれません。会場の空気づくりや講師のキャラクター設定は難しいとはいえ、**「問いかけ」を上手に活用すれば、大人相手の講演でも効果的に聴衆に集中してもらうことができるのは間違いありません。**

そこで具体的な「問いかけ」のスキルについてですが、まずは「集団への問いかけ」のタイミングをマスターすることが大切です。大勢の聴衆全体に向かっての問いかけでしたら、まだ聴衆との関係性が築けていなくても相手に心理的負荷をかけずに講演に集中させることができます。そして、その大勢相手の問いかけのタイミングですが、**本題に入る前の導入で、聴衆の興味を引くために問いかける手法**が最も効果的です。次のようなパターンがあります。

①問題提起型

（例）「まずはじめに、皆様にお聞きしたいのですが、昨今のYouTubeなどの動画サイトの間にやたらと挿入される広告ＣＭに対して**どのように思われますか？**」

……既存のサービスへの**批判**を講師からではなく、聴衆に考えさせることで打ち出し、そこから聴衆に発生した問題意識を解決する形で自社の商品の提示（本題）につなげる。

②クイズからの興味喚起型

（例）「まずはじめに皆様に一つ質問いたします。昨年一年間での歯肉炎および歯周疾患の患者の総数は**どれくらいかご存じでしょうか？**」

……あえて最初に**データ情報を示さずに聴衆に考えさせる**ことで聴衆に問題の重要さを伝わりやすくし（つまり広い意味で問題提起型と言えます）、そこから①と同じくそれを解決する形で自社の商品の提示（本題）につなげる。

③結論ありきの反語型

（例）「昨今の少子化は進行の一途をたどり、このままでは日本の少子高齢化はますます進行していくと思われます。皆様、この状況をただ見ているだけでいいのでしょうか？」……反語（疑問文の形をとった強い否定形）の形をとることで、**強く聴衆に問題提起を行い、**

そこから自身の主張につなげる。

いかがでしょうか？　これらは結局すべて問題提起の形に軸をおいていますが、これから話す話題に興味を持ってもらうことで、話に集中してもらうことができます。

では、**講演中に「聴衆個人に」問いかけをする**にはどうすればよいのでしょうか？　抜き打ちで発問する場合と、宣言してから発問する場合の二パターンを考えましょう。

話し中に抜き打ちで発問する場合

話し中に聴衆の態度を観察しましょう。その中で話し手の顔をしっかり見て、**話に集中して聞いていそうな、かつ聴衆の中で立場が低そうな人**（年長者や立場の上そうな人にいきなり発問するのはリスキーです）に聞いてみましょう。発問の内容はできるだけ「**内容的に答えやすいもの**」にしましょう。

相手が答えてくれたら、その人の立場に関わらず「**ありがとうございました**」と、しっか

りお礼を言いましょう。

宣言してから発問する場合

全体に「今からお伝えする内容に関して皆様の中のどなたかにお聞きします。」と宣言して、考える時間を聴衆に与えた上で、特定の一人を指名する形です。こうすることで全員が「やべ！　ちゃんと聞いておかないと指されたら答えられない」となって、話の内容に集中することになります。順番としては「**質問するという宣言→質問する内容→質問する対象の指定**」が望ましいです。すでに話した内容であっても予告なしにいきなり質問すると「聞いていなかった」となる場合があり、逆に先に質問者を指定してから発問するとそれ以外の人の緊張感がなくなります。

これらに注意して発問をうまく使いこなしましょう。

最後に、個人を指定して発問して、**相手がその質問に答えられなかった場合、もしくはこちらの意図した答え以外のものを出してきた場合**の対応についても触れておきましょう。

相手がその質問に答えられなかった場合

（例）

話し手「○○についてどう思われるでしょうか？」

聞き手「えっと・・・・」

話し手「そう、この質問は意外と難しく、すぐには答えづらい方も多いと思います。お考えいただきありがとうございます。あくまで答えの一例に過ぎませんが、△△などが挙げられるのではないかと私は思います」

……答えられなかった人のプライドを壊さないようにすることが大事。その上で相手に感謝の意をしっかり述べて、自説としての答えを述べる。

こちらの意図した答え以外のものを出してきた場合

（例）

話し手「○○についてどう思われるでしょうか？」

聞き手「えっと、□□じゃないですかね？」

話し手　「お、なるほど、そういう考え方もありますね。素晴らしい着眼点だと思います。ちなみに今回はそれとは少し異なりますが、△△という視点からお話させていただきたいと思います」

……相手の発言内容を全否定せず、一つの考えとして認めた上で、自説を述べる。

5 「手」はどうしていますか？

棒立ちになって話し続けるのは、聴衆に思いが伝わりづらいものです。かといってバタバタ手を動かしまくるのも聴衆からすれば鬱陶《うっとう》しくて話に集中しづらいと思います。話の区切り方や目線についてはすでにお話ししましたが、それと同時に手の使い方も考えるべきです。人間は五感すべてを使って情報を仕入れるので、話し手からの視覚情報も無視はできませんからね。

次の六つのパターンの動きを考えてみましょう。

①講演台に手をつくパターン

両手を講演台の端に置きながら話すパターンです。必然的にやや前傾姿勢になり、両手を広げる形になるので勢いのある印象を与え、**話し手の意気込みを感じさせます。**「お！この人、気合が入ってるな！」という印象を聴衆に与えることができます。

②両手を広げるパターン

両手を横に広げると、これは「私の右や左にいる（この会場にいる）**すべての人に伝えたい**」という意思表示になります。また、両手を開いて左右に広げることによって「**私は何も（手の中に）隠しておりません。お話できることすべてをお話しております**」という、誠実さと本気さを伝えられます。

③片手を自分の胸に当てるパターン

　自分の片手を心臓あたりに当てる動作も、話し手の誠実さをアピールする手法の一つです。「自分は心から話している」ことを聴衆に伝えるための方法です。また、**話の中で話し手自身の心が大きく動いたことを示す**際にも使われます。

（例）「その時、私は**心から感動し**、この人を裏切ってはならないと**固く決意**したのです（胸に手を当てながら）」

④片手を強く上に突き上げるパターン

　自分の片手を握りしめ、頭頂部付近まで突き上げ、力強く聴衆に語りかける動作は、とにかく自分の主張を強く聴衆に訴え、同意を得たい**時に使う手法です**。選挙演説などで政治家や候補者がよく使っています。

　これを使う時はただ自分の思いを伝えるとか感想を述べるというレベルではなく、確実に聴衆に同意してもらい、同じ意志の下に今後何かしらのアクションを起こしてもらいたい！　というレベルの訴えを行う時です。手を握りしめて拳にするのも強い決意を表すことができます。

（例）「（右手拳を突き上げながら）皆様！　私と一緒に、新たな世界を切り開いていきましょう！」

⑤講演台から離れて話し出すパターン

講演台から離れて話し出す（客席まで降りていくこともある）ことによって、「**枠にはまらない講演者であることのアピール**」「**自身と聴衆との距離を近づけること**」ができます。「講演台を隔てて聴衆と向かい合うなんてまだるっこしいし、気持ちが伝わらない！　私はもっと聴衆に近いところで話したいんだ！　聴衆の気持ちに寄り添いたいんだ！」という気持ちのアピールになります。ただし、かなり型破りな方法なので、そもそもの講演の技量が乏しい人がやると逆に印象が悪くなる可能性があるので注意して下さい。**講演者自体にある程度の知名度があり、なおかつ本人**

の**演説のクオリティがかなり高い時に使う**ことによって「あれほどすごい人が俺たち聴衆の近くに来て話してくれている」というインパクトを残せるのです。

⑥ホワイトボードやスクリーンを指しながら話すパターン

講演やプレゼン中にスクリーンやホワイトボードを使う場合は（指示棒やレーザーポインターなどを使うのもありですが）、説明している箇所を指し示しつつ、自身の目線は説明部分だけでなく、定期的に聴衆のほうに向けることが望ましいといえます。私はホワイトボードを使って授業やプレゼンをする場合、手で該当箇所を示したりコツコツ叩いたりしながら、目線は聴衆に向かって語りかけます。こうすることで**説明している内容がいかに大事で、しっかりと理解してもらいたいかを聴衆に伝えること**ができます。

いかがでしたでしょうか？　繰り返しになりますが、これらは加減が大事です。ここぞという所、大事な所で使用することによって、話にメリハリを付けられて、聴衆に必要な情報が伝わりやすくなります。そしてこれらは必ず「聴衆のほうを見ながら」行うことを忘れないで下さい。あくまで聴衆に伝えようという話し手の意志を伝えるためのものですから。

6 「発声練習」によって「聞きやすい声」へ

当たり前の話ではありますが、どれだけ頑張って話しても、肝心の声が聞き取りづらくては意味がありません。ここは本当に大事なんです。「話し方」や「話す内容」だけでなく、そもそも根本の部分である「発声」をちゃんと練習することで、あなたの説明は聞き取りやすいものになり、伝わりやすいものとなります。

会場環境などの関係でマスクのまま説明しなければならない場合は、なおさら声を響かせな

マイクにたよらず
会場の後ろの方に声を
響かせるつもりで発声
しましょう
最前列の人は少し
圧倒される位で結構です
インパクトあるな…
よく通る声だ…
頭に入りやすい
なるほどね
ふむ…

いといけません。

ちなみに私は生まれつき喉と肺が弱く、肺活量が少なく、声も聞き取りづらいと言われていたのですが、二十代の頃に音楽をやっていて、歌声を響かせるために**腹式呼吸**や**ミックスボイス**（地声と裏声が混じった中間の声。高音域を得意とする歌手でこの歌声をマスターしている方は多い。B'zの稲葉浩志さんなど）を練習しました。

そのおかげで授業中の声が、かなり通るようになりました。「歌手になるわけじゃないから関係ない」と思われる方もいるかもしれませんが、より喉に負担をかけずに声を響かせるために基本的な発声を勉強してみるとよいと思います。特にミックスボイスの練習はしてみると効果的ですね。

あとはそれこそ有名な「あえいうえおあお」で始

まる発声練習をしてみるのもよいでしょう。「あえいうえおあお」と一息に言うのではなく、「あっ／えっ／いっ／うっ／えっ／おっ／あっ／おっ」とスタッカートのように一音ずつ区切って発音して下さい。**要するに腹式呼吸を習得すると、はっきりした発音で話せるようになる**ということですね。

さて、いかがでしたでしょうか？

一、情報を絞り込む
二、相手を知る
三、伝える内容を工夫する
四、相手に伝わる話し方をする

これこそが**「簡単に説明力がアップする四大奥義」**なのです。「なんだ、当たり前のことじゃないか」と思われるかもしれません。

しかし、「自分の説明がうまく相手に伝わらない・言いたいことを相手がなかなか理解してくれない」と嘆くそこのあなた、騙《だま》されたと思って、もう一度「この四つを自分はちゃんと実践できているか」と自身に問いかけてみて下さい。意外と「これくらいやらなくともわかるだろう」という甘えで省略してしまっているなんてことはありませんか？　ビジネスの世界では甘えは厳禁です。無意識的であれ意識的であれ、**説明の上手な人はしっかりこの四つを実践できています**。ぜひ一度、この四大奥義を行ってみて下さい。あなたのビジネスの大きな分岐点になるはずです。

さて次は、多くの方が気づいていない「NG行動」についてご説明いたします！

「ああ！これやっちゃってるなあ……」と感じた方は、いますぐ意識して改善に向けて動き出しましょう。すぐにですよ!!

◆実践編◆

第五章

NG行動集

1 間接的な同調要求（愚痴）・悪口

ＳＮＳなどで「自分の愚痴に同調してもらいたいのが見え見え」な投稿を見たことはありませんか？　例えば「旦那が〇〇を止めてくれない。私はこんなに頑張っているのに」という主婦の愚痴や「自分が無能すぎて〇〇ができなくて病みそう」などという自虐的な愚痴です。「そうだよね～。あなたは頑張ってるよね」とか「そんなことないよ。あなたは無能なんかじゃない」とか、そういう慰めを求めていることが丸わかりな、例のあれです（笑）。

人間は多かれ少なかれ自己承認欲求を持っているものなので、これを見知らぬ人を前にして話す時にもやってしまうことがあります。

赤の他人に、あなたの承認欲求を満たしてもらうことを考えてはいけません。あなたが相手にわかりやすい説明を「提供」することが第一です。もちろん、相手があなたの話術に心を開いて、双方の距離が縮まった上で、**自身の弱みを見せて相手にさらなる親近感を与える**という手法はありますので、ご自身の弱みを「上手に」明かすことは、時に武器にもなります。

問題は「自分の弱点を明かす」のではなく、**「自分の誤ちを無視して他者を否定する」**発言なのです。あなたのことをまだ理解していない赤の他人にこれをやっても「それってあなたが悪いんじゃないの？」と思われてしまい、そこからあなたへの信頼が損なわれることにもなりかねません。

具体例を示しましょう。次の文章をご覧下さい。

「本製品は以上のような機能を有しております。ちなみにこの機能は実際に弊社内で私が上司から○○という内容で叱責された際に腹が立って、その流れで思いついたものです。私がこういう状況でちょっと間違えただけでまるで鬼の首を取ったようにその間違いを指摘し怒鳴りつけてくる上司が我が社にもいるんですよ。その説教に我慢しながら『このような製品があればこんなことで理不尽に怒られずに済む』という思いつきから企画書を書き、こうして皆様の前でご紹介するに至った次第です」

いかがでしょう？　話の流れとしては「自社製品の機能の紹介→商品が誕生したきっかけ」の説明となっておりますが、他社へのプレゼンでこういう話をする人を私は信用しません。

「ちなみに」以降の内容は全カットが妥当です。紹介された製品がどんなに良い製品であっても買おうという気がなくなります。まず自社の人間の悪口を本人がいない所で、しかも他社の人間に向かって発言する人間というのは、聞いている**自分の悪口も自分がいないところでよその誰かに話しているのではないか**と思ってしまいます。そもそも**その上司がどういう経緯や理由で彼を叱責したのかも客観的にわからない状況で、一方的な彼の上司への悪口に言及するのもおかしな話**です。会社の製品は基本的には社内コンセンサスを得て、組織的に協力して世に出しているというのが前提です。つまり**自社の製品をプレゼンするというのは自分も含めた仲間の努力の証を社外にアピールすること**です。その大事な場で仲間のことを貶《おとし》め、会社の開発した製品をまるで自分だけの手柄であるかのように発表する……。上司への不満は上司に直接ぶつけるか、社内のパワハラ相談部署に告発するか、気心のしれた友人に愚痴を吐いていればよいのです。

プレゼンした本人としては「その上司ひどいね！　そんなパワハラ上司に負けずによく頑張ったね。この人がこれだけ言う商品なら買う価値があるから買ってみようかな」という流れを内心では期待しているのでしょうが、この場合、逆効果になることのほうが多いと思います。**相手はあなたの愚痴の聞き役ではなく、ビジネスの相手です。**あなたの紹介する商品以前に、あなたという人間の能力・人柄・感性などを見極めようとしています。それをしっかり自覚したほうがよいと思います。

よく世間で「毒舌系」などという言葉を聞きます。テレビやインターネットメディア、SNSなどで平然と他者を本人のいないところで罵倒し、それにも関わらず多くの人に「その通り！」「よく言った！」などと賞賛されている人びとです。あのような行動が世間で受け入れられている理由は要するに**「悪口を言う対象」「自分の立場」「言うタイミング」「悪口の内容」などをしっかり見極めた**上で悪口を言っているからです。

たとえば、誰かが亡くなった直後に「あの人って○○が全然できなかったから、よく俺が代わりにやってあげててさ～」などと言おうものなら「故人の遺族の感情を考えろ！」と大顰《ひん》蹙《しゅく》を買うでしょう。これは悪口を「言うタイミング」を誤ったわかりやすい例です。たとえその故人が実際に能力が低かったとしても、**死後はその人の魂を哀悼の意を込めて弔うべきというのが常識だから**です。

たとえば、若くて顔のよい女の子が「最近の男は意気地なしばかり！　本当に情けない！」と言っても、「ほんとその通り！　○○ちゃんわかってる～」か、「○○ちゃん毒舌だねえ。でもそんなところもかわいい♡」なんていう感じで容認、あるいは逆に賞賛を浴びるケースもあります。これが逆に、会社の社長や政治家などの立場のある中年男性が「最近の女性は自分勝手でわがままなやつばかりだ」などと公の場面で発言しようものならば、袋だたきにされるでしょう。これは「悪口を言う立場・対象」の問題なのです。それらをうまく把握して、相手の気持ちを逆なでしない形で悪口や愚痴を言えるのは、つまり「空気を読める」ということで、それはそれで大事な能力なのですが、ビジネスの説明の場では言わないことをお勧めします。

2 時系列・会話の内容が自分の都合でワープする(自分の世界をそのまま言葉に出す)

日常会話でもよく見られますが、いきなり前後の文脈を無視して自分が話したいことを自分勝手につなげて話すことはありませんか。「話は変わるけども……」とか「そう言えばね……」とか、話題を転換するという意思表示をしてから話してくれるならまだしも、それすらしないでいきなり「え？　それさっきまでの話とどうつながってくるの？」と思うような展開で話す人は注意して下さい。それが日常会話で常態化すると、ビジネスの場でも意図せずに自分勝手な話題転換をしてしまいかねません。**あなたが話したいAとBとCが、あなたの中ではつながっていても、そのつながりを相手に理解させないと相手は混乱するだけです。**

日常会話をイメージしたほうがわかりやすいと思います。次の文章をご覧下さい。

「昨日ね、よく行くカフェでお茶してたら高校時代の友達が入ってきてさー、テニス部の子だったんだけどさー、旦那さんの仕事の関係で最近こっちに引っ越してきたみたいでー、○○先生に憧れてたからそういう人と結婚すると思ってたけど全然違うタイプの人と結婚してて意外だったよー」

女性に多い話し方ですね。時系列もあっちこっち移動していますし、主語も変わっています。気心の知れた友達同士にしか通じない話し方ですね。ちなみにこれに説明を付け加えるとこうなります。

「昨日ね、よく行くカフェでお茶してたら高校時代の友達が（私がお茶しているカフェに客として）入ってきてさー、（その子は高校時代）テニス部の子だったんだけどさー、（卒業したあと結婚した）旦那さんの仕事の関係で最近こっちに引っ越してきたみたいでー、（高校時代は）○○先生に憧れてたからそういう人と結婚すると（私は）思ってたけど全然違うタイプの人と結婚してて意外だったよー」

おわかりですね。高校時代や卒業後の話が行ったり来たりしています。聞き手が頑張って前後の文脈から話を推測することもできなくはありませんが、その推測を間違うと相手の話を誤って理解することになり、そこから誤解によるトラブルが生じます。こういう話し方をする人は「話したい」と思うエピソードがそれぞれバラバラに頭の中に散らばっていて、それを脳内で組み立てきらないままに、話したいという欲望にしたがって手当たり次第に相手に投げかけているのです。学生時代ならば、周囲が優しく内容をくみ取ってあげていたからなんとかなっていただけです。そして、繰り返しますが**そういう話し方を日常からしているとビジネスの場でも無意識に出てしまう**ものです。**日頃から聞き手に配慮した話し方をしましょう。**

3 抑揚のない話し方・無表情

すでに本書の第四章で抑揚の付け方については説明しましたが、無表情で淡々と話されると、**話の重要なところが伝わりづらい上に、印象も悪くなる**のでしっかり抑揚をつけましょう。**無表情は敵意の表れ**です。自分に敵意を向けてくる人間の説明を、真剣に聞こうとはなかなか思いませんよね。表情は無理して変化させようとしなくとも、抑揚のつけた話し方をすると自然と表情は変化します。

なぜ無表情や抑揚なしの話し方になるのか？　一言で言うと訓練不足ですね。説明することに慣れていない人は、説明する内容に注意することで頭がいっぱいになり、抑揚や表情まで頭が回らないものです。ですので最初はとにかく抑揚や表情を意識しましょう。第四章の①〜③（87頁参照）をしっかり習得して話すだけでも全然相手への印象が違ってくるはずです。相手への印象はとても大事です。

4 NG話題・自虐ネタ・下ネタ

昔から「**政治・宗教・野球**」が社会人としての三大NG話題と言われています。ちなみに野球というのは「プロ野球」のことですね。この三つは個人個人のこだわりが強いので、安易に特定の政党だとか宗教を批判したりするとトラブルになるということです。

現在でしたらこれに加えて「**異性関係・LGBTQ**」の話題も危険ですね。基本的に「それまで社会的弱者だった人びとを救済したり、主張を認める」流れがメディアでも一般的ですので、安易にそれらに反することを言うと一気に社会的地位まで失いかねません。「客観的な事実」だと本人が思っていることでも、「○○の感情を傷つけた」ということが理由で批判されます。あなたが社会的に高い地位にいる場合はさらにそれが顕著です。

これらに関しては「絶対に言うな」というより「言ったら自身に大きなトラブルが降りかかってくるけど、それを覚悟で言うならご自由にどうぞ」というところです。

また「自虐ネタ」に関しても、**上手な使い方ができないなら言わないほうが吉**です。では上手な使い方とは何か？　基本的に次のような三パターンになります。

①　聞いている人が面白いと思う

（例）「いやー本日の『モテる男になる』ための講座で皆様にこれだけ偉そうに『外見を気にしろ！』と言っている私ですが、ご覧の通り最近は頭髪が寂しくなってまいりましてね、女性と話していても相手の視線が私の頭に集中してくるのがわかるんですよ。女性はジュエリーとか輝くものが好きだから、輝く私の頭につい目線が言っちゃうのはまあわかるんですけどね〜」

……薄毛に悩んでいる方には大変申し訳ありません。ここで大事なのは自虐ネタをそのまま言っても相手が反応に困るので、**そこから笑いに転換させれば**相手は自虐ネタを笑いの一要素として受け入れやすくなるということです。仮に話し手が笑いの要素として提供したネタが面白くなかったとしても、「ああ、さっきの自虐ネタは笑っていいものなんだ」と聴衆が理解してくれて、場がもつというわけです。ただ、ものには限度があり、**あまりにも笑い要素がつまらなさすぎたり、自虐の要素が洒落《しゃれ》にならないものだったりすると（過去の犯罪の告白など）、**

場がどうしようもないことになってしまいますので、適切なネタの種類を見極めましょう。

②　聞いている人が親近感を感じる

（例）「今こうして社長として会社を成功させている私ですが、じつは悩みがありまして、足が臭いんですよね。帰宅すると五歳の息子が私の脱いだ靴下を振り回して三歳の妹をいじめるので、それを母親に怒られる始末でして……困ったものです」

……もはや①のパターンにも該当してしまう感じですが、たとえば一流企業の社長が講演会でこのようなエピソードを披露したら聴衆はどう思うでしょう？　「あの完全無欠と思われていた社長にもこんな弱点があるのか！　なんか親近感を感じちゃうな」となりますよね。いわゆる「ギャップ」を利用するということです。したがって、**話し手のスペックがかなり高い場合にのみ使える手法**ではありますが。

③　自虐しても、その後に希望を持てる展開に持っていく

（例）「私は中学・高校とずっと勉強ができず、テストの点数もクラス最下位に近い状態でし

た。こんな状況ではろくな大人になれないと親からも言われましたが、『自分が本当に才能を発揮できるのは勉強ではなくて、もっと別なものにちがいない。それを探そう』と決意して、さまざまな職を転々として、現在の業種にたどり着きました。やっと自分に合った仕事に就けてからの私はめきめき頭角を現し、その結果、そこから十年も経たずに代表取締役へと出世することができたのです」

……自虐してもそこから這《は》い上がった成功体験をセットで語れば、聴衆は最終的には「そうか！　あの人くらいの挫折を味わってもそこから努力すれば這い上がれるのか！」と理解し、活力が湧《わ》いてきます。

いわゆる「落として上げる」戦法です。自虐の使い方としては、これが最も基本的で活用しやすいと思います。かくいう私も自分の授業で一番使うのはこの手法ですね。

「相手がドン引きしない程度の挫折経験」と**「そこから這い上がったエピソード」**と**「結果として今現在一定の成功を収めている自分」**があれば使える手法です。

いかがでしたでしょうか？　これらの三つをあなたの状況に応じて使い分けてみれば、自虐を説明の武器にすることができます。

下ネタに関しては、これは**公の場では使わないのが一番無難**です。特に女性が聴衆にいる場合はなおさらです。相手がそういう話に抵抗ないタイプであっても、それこそ酒の席ならいざ知らず、公の説明の場では99％空気が悪くなるでしょう。「**下ネタは気心の知れた仲間とプレイベートで言い合って楽しむもの**」が、社会常識ですね。

5 必要な主語などの省略

日本語は主語を省略することが多い言語とよく言われます。ちなみにその理由としては、日本という国家の特性にあります。日本は昔（いわゆる「近代以前」である江戸時代以前）は個人主義という概念がなく（これは近代以降に西欧諸国から輸入された概念ですからね）大半の人びとは村とか町とかの狭い共同体の中で人生の大半を過ごします。つまり、**日常の大半を見**

知った親しい人と過ごすのです。ですので、わざわざ主語を明示して喋らなくとも相手に伝わるというわけです。家の中で「お母さん！　私はそこのお醤油《しょうゆ》をとってほしいんだけど！」と言いたい時に「お母さん、お醤油！」とか、もっとひどくなるとお母さんの方を向いて「お醤油！」とだけ言う場合もあります。

もちろんビジネスで初対面の人に説明する場合は、主語や目的語を省略することによって正確に相手に伝わらないことは許されません。しかし、だからといって、同じ主語が立て続けに何度も登場するのは鬱陶《うっとう》しいと感じてしまうのもまた事実です。では、一体どのようにすれば必要な主語や目的語などを、初対面の相手にも伝わりやすく話せるのでしょうか？

そもそも説明の基本は「5W1H」が伝わることです。それがしっかり相手に伝われば、不要な主語を省略しても問題はありません。5W1Hとは「When：いつ」「Where：どこで」「Who：だれが」「What：何を」「Why：なぜ」「How：どのように」の英単語の頭文字をとったものです。特に主語の場合はWhoが大事ですね。

次の例文をご覧下さい。

① 山田課長に書類を確認していただいたところ、懸念を示されていたようですよ。

②これ以上の増税は避けるべきです。今のままでは破綻するし、苦しいままです

③多くの国民の健康を害し、ポイ捨てなどの環境被害も看過できない喫煙者を生み出すタバコは禁止すべきである。

④医療従事者というのは、常に責任感をもって患者の命に対して向き合わなければならないが、彼らを雇用する病院は、医療従事者は特別な人間だと認識してはいけない。

この①～④の例文について、一つ一つ解説させていただきます。

①ですが、これは一つの文の中で主語が一つきた後に、「書類の確認」「懸念を示す」という二つの動作表現がきています。

ただ、二つの動作表現の間に主語の変更を示す表現もありませんので、こういう場合は「懸念を示した」主語として改めて山田課長を再度説明する必要はありません。要するに一つの文の中で「主語→動詞→動詞」ときたら、二つの動詞は同じ主語によってなされたものと認識するのが日本語の基本だということです。つまり、**この文は問題ないということです。**

では②はどうでしょう？　問題点は明白です。「破綻する」と「苦しい」の主語が別々なの

にもかかわらず、それらを明記せずに一文の中で動詞だけを連ねているからわかりづらくなるのです。この文の場合、「破綻する」のは「国の財政」で、「苦しいまま」なのは「国民」です。つまり**一文の中で主語が変更するのにもかかわらず、まるで同一の主語であるかのようにまとめてしまうと、聞き手にわかりづらい説明になってしまいます**。こういう説明をしてしまう人は大体「**一つ伝えたい結論があって、それを伝えることに意識が集中して、それ以外の部分に意識が行き届かない**」のです。「増税を避けよ！」というメッセージを伝えたいがあまり、それ以降の文法まで意識が行かないのです。つまり、**この文は、必要な主語を省いてしまったがゆえに意味が伝わりづらいのです**。

では③はどうでしょう？　この文には二つの問題点があります。一つは「**主語が長すぎる**」という点です。この文の主語は「多くの国民の健康を害し、ポイ捨てなどの環境被害も看過できない喫煙者を生み出すタバコ」です。ええ、長すぎますね！　この一文を「文字として」落ち着いて読めばどこまでが主語か読み取ることもできます。しかし、もしこれが言葉で話された内容だったり、あるいはこういう文が大量に組み合わさった文章を読む場合、いちいち長い主語を認識するのに意識がとられて文の内容の理解まで覚束《おぼつか》なくなってしまいます。**主語は短**

く、端的に示すべしです。

もう一つの問題点は「**主語の誤認を導く**」文となってしまっていることです。この文の中の「喫煙者」は一体何者なのでしょうか？　「ポイ捨て」を行う主語として考えればよいのか？　それとも「タバコが生み出す」目的語として考えればよいのか？　ちょっとわかりづらいですよね。もちろん「ポイ捨て」「喫煙者」「タバコ」という三つの単語をそれこそ並べ替えゲームのように組み合わせれば「タバコを吸う喫煙者がポイ捨てをする」というありきたりな結論は導けますが、それは単語から考えられる連想ゲームをしているだけで、正しく文を理解しているとは言えません。もしこの文を正しく書き換えるならこうなります。

> タバコは多くの国民の健康を害し、ポイ捨てなどの看過できない行いをする喫煙者を生み出します。したがって、国は法律でタバコは禁止するべきです。

文を二つに分けます。一つ目の文の主語は「タバコ」で、動詞は「国民の健康を害する」と「喫煙者を生み出す」となります。そして二つ目の文では主語が「国」で、動詞は「禁止する」で目的語が「タバコ」です。どうでしょう？　文の中での役割がそれぞれ明確に読み取れますよね？　**一つの文の中で主語・動詞・目的語・補語などを明確にするのが大事なのです**。

④の文ですが、これも**主語と目的語が曖昧になってしまっているパターン**と言えます。この文章の修正ポイントは二つです。それらを修正した文は次のようになります。

> 医療従事者というのは、常に責任感をもって患者の命に対して向き合わなければならない。**しかし**彼らを雇用する病院は医療従事者**を**特別な人間だと認識してはいけない。

まず、**一文を長くし過ぎるとわかりづらくなります**。一文の主語は「医療従事者」で、二文目の主語が「病院」となるように文を分けましょう。文字で読む場合は「主語→動詞→接続詞→主語→動詞」などという形で、間に接続詞を挟むことによって文を長くすることもできます。しかし、少なくとも口頭の説明では、それらはわかりづらくなりますし、文章でもできるだけ避けたほうがよいと思います。

また、二文目の主語が「病院」ならば、「医療従事者は」となると、まるで主語が二つあるように感じられてしまうので、この場合の医療従事者は目的語だということをはっきり示すために「を」を使い、目的語であることを示す助詞に置き換えましょう。**助詞の使い方も大事で**

すね。

いかがでしたか？　主語だけではなく、それこそ学校教育で勉強してきた文法事項を正しく利用することは、説明においてじつは大事なことなのです。日常会話でしたら単語だけで文脈を推測できますが、**「誤解が許されない」**ビジネスの舞台においては、文法的に正しい表現が必要になってくるでしょう。「まあこれで多分通じるだろう」と、適当に発言した内容が相手に思わぬ誤解を与えてしまわないよう、正しい表現は意識しておいて損はないはずです。

◆実践編◆

第六章

Q&A

ここでは、今度は多くの方々が疑問に感じていることや、実際に私が受けた質問と、それに対する回答を紹介いたしましょう。

Q 自分はいつも「何を言っているのかわかりづらい」と周囲に言われます。自分としては必要なことをしっかり伝えているつもりなのですが、いつも「え？　その話してたの？　なんでいきなりその話になるの？」と驚かれます。どうすればよいですか？

A 周囲の人が「なんでいきなりその話になるの？」と驚くということは、あなたは**会話の話題を自分のペースで勝手に変えてしまい、「これから話題が変わるよ」ということを相手にしっかり明示していない**可能性があります。そうなると相手は**変更前の話題と現在の話題を混同してしまい**、あなたが何を話しているのかもわからなくなります。「ところで」「話は変わるけどさ」などの**話題転換の表現を適切に利用して**、相手に今何の話をしているのかわかるようにしてあげましょう！

Q 部下がなかなか自分の指示を理解してくれないので、ついイライラして怒鳴ってしまう。

自分が若い頃、上司に説明されてきたのと同じ説明の仕方で話しているのに、なぜわからないんだろう。最近の若い者は理解力が衰えているようで困る。

A 「昔と今は時代が違う、あなたのやりかたが今の若者にも通じるとは思うな」と、一言で言ってしまうのは簡単なのですが、おそらくあなた自身もそのようなことは薄々理解しているのではないでしょうか？　今の時代はさまざまなハラスメントに対して社会が過敏で、**「かつて社会的立場が低かったもの」を保護し、傷付けないようにしようという世の中**です。私も教育業界に身を置いているので痛感しておりますが、今の若い人は「怒られない」「納得したことしかしない」「辛ければ逃げてもよい」などの価値観に合わせた育てられ方をしていますので（もちろん個人差はあります）、「上司から曖昧で抽象的な指示をされても、必死にそれらの意図を読み取って、時に叱責・罵倒されることによってストレス耐性を身につけながらも仕事にくらいつく」という昔の常識は通用しません。ちなみに私自身はそのようにして日本経済を大きく成長させてきた中高年の方々のやり方を尊敬しておりますし、それだけの努力をなさってきた方々ですから、**「今の時代に合わせる」ということも意識さえすればできるはずです**。言い方は悪いですが「相手は赤ちゃんみたいなもので、手取り足取り教えて、機嫌をとって、彼らの流儀を否定せず、むしろ時代の流れをこちらが勉強して合わせる」という意識で部下に向き合ってみてはいかがでしょうか？　そして若い部下に説明する際に、本書のやり方をご参照いただければ幸いです。「なぜ年下にそこまで合わせねばならんのだ」と思われるでしょう。大丈夫です。便利な世の中で甘やかされてきた若者が、忍耐力や根性であなたがたの世代を超えてくることはありませんから。「まあ彼らは優しくしてやらなきゃ仕事もできないんだし、私たちを追い抜かすこともない」と鷹揚《おうよう》に構えて、相手に合わせてあげましょう。もちろん個人差がありますので、根性があってあなたを慕ってくる若者もいるでしょうから、そのような部下には全力で向き合ってあげて下さい。

Q　自分はどちらかというと話し好きで、人に何かを説明するのも苦手ではないと思っているのですが、実際、人前で話し出すとついついしゃべりすぎてしまい、予定時間を大幅にオーバーしてしまうことも珍しくありません。制限時間が決まっていない場合はよいのですが、決まっている場合は「予定時間をオーバー」した後に、焦りながら残りの話を手短かに済ませて少しでも早く終わらせようとしてしまい、話全体のバランスが悪くなってしまいます。どうしたらよいですか？

A 話し好きな方にありがちな悩みですね。予備校講師にもそのタイプの方が多く、流暢《りゅうちょう》に話しつつさまざまな雑談を合間に盛り込んでいくので、毎回授業時間を大幅に延長してしまうんですよね。特にその時の生徒のウケがよいとますます調子に乗って話してしまう。昔はそれを「サービス」と思ってもらえたことが多かったらしいですが、次のコマの授業のことを考えると決して良いことではありません。ビジネスでも同じように、聴衆にも次の予定や都合があるので、**仮にあなたの話が「客観的に」面白いものだったとしても、自分だけが悦に入ってしゃべり倒してしまうことは結局自分勝手となってしまいます。**

ではどうすればよいか？　基本的には次の三つを実践してみて下さい。

①事前に話す内容（雑談の量や時間も含めて）をできるだけ細かく決めておき、当日のアドリブをできるだけ入れないようにする。

……要するに計画性ですね。話し中の雑談はだいたい話す内容に沿ったものですから、話のプログラムの中に「何を話すか」「どれくらい話すか」も組み込んでおくことは可能なはずです。本番はとにかくそれに沿って話して下さい。聴衆の反応が良いからといって調子に乗って

「思いつきで自分の話したいこと」を話し出すと、事前に組んだ全体のプログラムが崩壊して、結局時間調整ができなくなります。厳しい言い方ですが、「時間通り・想定通りに話を進められない」ということは、いくら話し方だけ流暢でも、結局あなたは「話し上手・説明上手」とは言えないのです。ここは謙虚にまずは「プログラム通り、冷静に話を進める」ことができるようになりましょう。やがて慣れてきて「事前にプログラムを組まなくとも時間内に話をまとめるスキル」が身についたら、そこからはご自身のアドリブ力を活用してみるのもよいかもしれませんね。

②決めておいた内容の中で「残り時間を確認するタイミング」も決めておく。

いくら事前にプログラムを組んでいても、もともと話し好きな人はそれこそ無意識に話を膨らましたりして話が長くなりがちなのです。そして自分が話すことに夢中になると（特に前述のように聴衆の好反応を目にするとなおさらですが）残り時間が見えなくなります。ですので「ここまで話したら、必ず残り時間を確認する」と決めておくのがよいでしょう。特に話の中で「自分が話したい部分」「盛り上げたいと思っている部分」あたりに入れておくのがよいと思います。そこで当初の予定時間を大幅に過ぎていたら、それ以上被害を増やさないためにクールダウンして、プログラムを忠実に実践する作業に移りましょう。**冷静になるタイミングまで、事前に決めておく**ということです。

③話しながら聴衆の反応を冷静に観察し続ける。

ご自身を話し上手だと思っていらっしゃる方は、「そんなこと言われるまでもなく実践しているよ！」と思われるかもしれません。しかし、こういう人は意外と「自分にとって都合の良いものしか見えていない」ことが多いのです。特に一定数以上の聴衆の前で話す場合、「反応の良い聴衆の顔」に、つい意識が集中しがちになるのです。こちらの話にいちいちうなずいてくれる人、ずっと熱い目線をこちらに送ってくれる人、そういう人が聴衆の中にいると、無意識に彼らのほうに目線が集中してしまいがちになります。しかし全体を冷静に見渡してみると、全員が自分の話に食い入るように見入っているかどうかは、また別です。中には退屈そうな顔をしていたり、目線がこちらに向いていない人もいるかもしれません。少数の好意的な聴衆だけに注目しないで、**できるだけ聴衆全体を観察して、全体の雰囲気を冷静に把握する**と、話し手であるあなたも冷静になれますので、そこから残り時間を気にする余裕も出てくるでしょう。

以上の三つを実践すれば、計画的に話を進めることができ、話のバランスも安定したものになると思いますよ。

Q 人前で話す（説明する）時にどうしても緊張してしまって、どもってしまったり、内容が頭から飛んでしまったりして、うまく話せません。どうすればよいですか？

A 自分語りになって恐縮ですが、私が小さい頃から通っていたピアノ教室では、年に一回ホールを貸し切った発表会がありました。今考えても小学生くらいの子どもが、ホールで多くのお客様の前で、一人でピアノを弾くのは相当な緊張感を伴うものだったと思います。私も発表会の一ヵ月前くらいから緊張していました。発表会では四〜五分の曲を一曲弾くだけだったのですが、「うまく弾けるか」「ミスしないで弾けるか」「曲を最後まで覚えていられるか」最後まで不安でしかたありませんでした。さて、そんな私ですが、現在では予備校講師として、百人近い生徒の前で九十分授業などを行っていても、不思議とほとんど緊張しません。「なぜ今の仕事は緊張せずできているのか」を考えた時、一つの結論に至りました。

「準備万端で、失敗の恐れがなければないほど、緊張は軽減する」

これが一番でしたね。ピアノの発表会の時は、演奏する曲がクラシックだったので基本的にはアドリブが一切利かず、譜面の内容を一音たりとも外さずに最後まで弾くことが求められます。そしてピアノというのはほんの数ミリの指のズレがはっきりしたミスとして、ホール中に響く音で表現されてしまう精密な楽器です。また私は、特にテンポが速くて難易度の高い曲ばかりを毎年選択していたので、当日指が冷えていたりすると思ったように動かないこともありえます。加えて曲は暗譜しなければならないので、途中で曲の展開を間違えたり忘れたりしようものなら軌道修正もできません。そこから「うまくできるか」などのプレッシャーと緊張が発生するのです。一年に一回という数の少なさも影響していることは間違いありません。

それにひきかえ、予備校の授業は一日数コマこなしていますから「うまくできるか」という不安を感じる時間もなく、**「いつもやっているように○○を説明するだけ」で、落ち着いた気持ちで臨むことができるのです**。多少言葉を噛んだりしても、ピアノの演奏と違って要は説明が相手に通じればよいのですからそこまで気にすることもなく、生徒の顔や反応をうかがってアドリブで説明の仕方を多少変えることも可能です。また、基本的には生徒のほうを向いて説明しますが、テキストも教卓においてあるので万一忘れてしまったらそちらを見ることもできますし、よい表現が思いつかなかったら別の表現で代用することもできます。もちろん、準備万端で隙のない授業をすることは素晴らしいですが、少々うまくいかなかったとしても次の授業で活かして成長していく糧にできます。**「失敗を恐れる必要がない」**のです。したがって、プレッシャーもあまり感じずに話せるのです。

では経験が少ない状態で、できるだけ緊張しないようにするにはどうするべきか？ これはもう**徹底的に準備するしかありません**。話の内容・展開の組み立てはもちろん、カンペを見るタイミングもそうですし、暗記ならば何度も練習して内容を身体に染みこませることも含め、練習あるのみです。

「これだけやったんだから、本番も練習と同じようにやるだけだ」と思えれば、緊張も緩和されるのです。

しかし、聴衆の人数が多いと緊張も増しますよね。これに関してはよく「観客をカボチャと思え」などという緊張の緩和法が言われます。面白い方法だと思いますが、私はこれをベストの方法だとは思いません。すでに何度もお話ししましたが、**優れた話し手は観客の反応をうかがいながら話すべき**です。観客を人間以外の無機物ととらえてしまったら、彼らの人としての反

Aだけを向いて話してはいけない
Bが目を覚ますような話し方
Cが思わずこちらに引き込まれるような
インパクトある内容を話に盛り込んで
全員を集中させてやる
俺はカリスマになるんだ！
A
B
C
zzz

応を観察できなくなってしまいます。そうなると観客を無視して「自分が話したいことを話す」だけになってしまいますよね。本当にプレッシャーに押し潰されそうな人が、窮余《きゅうよ》の一策として使うぶんには絶対駄目というわけではありませんが、人前で話す際の考え方としてベストとは思いません。

ではどうすればよいか？　これは「**攻撃的思考法**」が一番だと私は思います。要するに「これだけ多くの観客が俺の話を聞くんだから、全員を魅了して、感心させてやる！」と考えればよいのです。多くの人があなたを見て、注目しているならば、あなたの素晴らしい話・説明で彼らを感心させるチャンスではありませんか？「ただ、やるべきことをちゃんとできるか」というマインドで臨むと「やるべきことがミスってできなかったら多くの人の前で恥をかいてしまう」というマイナス思考に陥りやすいですよね。しっかり準備をして、あるいは自分の得意分野で臨むなら、あなたの力を多くの方々の前で見せつけ、社会的評価を大きく上げるチャンスと捉えることもできるはずです。**多くの方の前で話をする機会を獲得できた自分の力を信じて、観客を魅了してしまいましょう！**

Q この国際社会の中で、日本語で説明云々《うんぬん》というのがそもそも時代遅れだと自分は思っている。日本語の伝え方や説明の仕方なんかに固執せず、もっとビジネスマンたるもの英語でコミュニケーションをとれるようになっていかなければなれないと思うのだが？

A 国際化社会の中で英会話のスキルはたしかにどんどん重要視されていますね。でも多くの人が「日本人は英語さえ話せれば国際人として海外の人びとと対等なビジネスができる」という勘違いをしているのではないでしょうか？　島国の中の独自の共同体の中で「和」などの穏やかな対人関係を重視してきた日本人は、自分とは別の種族に向かって言いたいことをわかりやすく、はっきりと伝える能力が不足していることが多いのです。**同じ日本人同士ですら相手**

にわかりづらい説明をする人がたくさんいるというのに、文化も歴史も異なる海外において、英語だけ話せれば完璧な説明ができるはずはありません。この本で紹介した説明スキルはそもそも「他人に伝える説明の土台」です。それがしっかりできてこその日本語英語の違いです。つまり、母国語の日本語での説明すら覚束《おぼつか》ない人が、異文化言語を使ってビジネスでの説明などできるはずがない、ということになりますね。

Q 他人への説明以前に、自分は集中力がなく、長々と人の説明を聞いていられません。学生時代も先生の授業を長時間集中して聞いていられず、すぐに眠くなってしまいましたし、就職しても上司や年長者の長々とした話を集中して聞き続けられません。どうしたらよいですか?

A そもそも人間の集中力については90分が限界とよく言われます。ただこれも結構いい加減でして、「高い集中力を費やす高度な作業をしている際には、十五分が限界」などとも言われています。また未成年・子供はさらに集中力の持続時間が短いとか、同じ人間でも「好きなこと」と「興味の持てないこと」をやっている時では集中力の持続時間が大きく異なるとも言われます。ですので、本来九十分を超過するような説明や話を一気にするような講演などは、その講演の設定がおかしいのです。しかし、ここでそれを言い出してもしかたがありませんね。

では、**「話し方」ではなく「聞き方」において集中する方法**についてお話しします。その前に、周囲の人と比べてあきらかに集中力が続かないあなたはＡＤＨＤ（Attention deficit hyperactivity disorder）、いわゆる「アスペルガー症候群」などの可能性も少なからずあります。近年はこういう症状に関しての社会の受容システムが非常に進んでいますので、無理せず病院で診察を受けて、適切な治療を受けて下さい。**病気であるなら意地を張ったり、我慢をしないことも大事です。**

さて、それ以外の場合で集中して長時間人の話を聞くための方法ですが、まず、本書の第一章で説明しました**「情報の絞り込み」**を行いましょう。相手が話していることの中から対比・論展開・抽象具体などを駆使して大事なことを抽出するのです。それ以外の必要度の低い雑談や例え話は「無視しろ」とは言いませんが、肩肘張らずに気軽に聞いていればよいのです。長時間の説明を聞く際に「一言一句聞き漏らさずにすべて理解しよう」と思うと、すぐに脳が疲れてしまいます。「この人はつまり何が言いたいのか」「この例え話は何を説明するためのものか」などの話の要点をしっかり押さえましょう。

なお、相手が自分より立場が低い場合は「申し訳ないが、要点のみお話し下さい」と話を遮ることもできなくはないでしょう。難しいのが、上の立場の人が調子に乗って重要度の低いことを延々としゃべっている場合です。その場合、要点の絞り込みで相手の話の核を捉えると同時に、**相手の機嫌を損ねない方法で、上手に機嫌をとりながら別の本題に持っていくように心がけましょう**。「なるほど！　さすが○○さんですね。そのご見識が、今回の企画A（本題）にも活かされているわけですね！　○○さんのご指導の下にAを進めていけるのが楽しみで仕方がありません」という感じです。

相手が講演者で、長時間の話・説明を聴衆の立場で黙って聞いていなければならない場合は、**要点をしっかり理解して、それ以外の重要度が低い話をしている際に、その要点について自分なりの意見や考えを練ってみる**なんていうのもお勧めです。相手の話を聞くだけでなく、自分の論理的思考力の訓練も同時にできてしまいます。

そして、それもできないくらい相手の話が退屈ならば、あきらめてその日の夕食のことでも考えていましょう（笑）。

◆補足編◆

第七章

大学入試問題から考える説明の方法

1 東京大学の入試問題から考える説明

さて、説明についていろいろお話してきましたが、私は予備校講師でもあるので、せっかくですからここで**大学入試問題を利用して説明についてご説明させていただこう**かと思います。

本書の「はじめに」でもお話しましたが、大学入試問題では「〇〇について説明せよ」という問題が頻出します。しかも、**難関大学になればなるほどその傾向は顕著です**。これが中堅大学以下ですと、国語の問題は**本文の内容に関する選択問題や漢字などの語彙知識**の問題が大半になります。毎年こういう問題を目にするたびに「そりゃあ**学歴の差と収入の差に相関関係も出るよな**」と思ってしまいます。

なぜならばそれは**問題の質に差があるから**です。選択問題というのは、「相手が与えた選択肢の中で適切なものを選ぶ」だけの行為なので、基本的に受け身なのです。漢字や諺《ことわざ》などの語彙問題にしても、日頃から読書量が多かったり知的好奇心が旺盛でさまざまなことを調べたりしている人というのは、じつはわざわざ入試前に必死になって覚えなくてもそれらの大半を自然に習得できてしまっています。つまり、選択問題や語彙問題しか出さない大学にしか入学できない人は、**選択肢を与えられないと正しい内容にたどり着けず、自分で説明を創り出す能力が乏しい上に、語彙知識なども必要に迫られないと習得せず、常日頃から「学ぶ」意識を持っていない人が多い**ということになります。説明力も磨かれないし、つまり他者を指揮するリーダーに必要な資質も不足することになり、それでは収入も伸びませんよね。

一方、難関大学は記述式で特定の事柄について説明させる問題が多いのです。学生のうちからこういう問題に慣れていれば**「わかりやすく説明する能力」も早いうちから磨かれていきます**。

論より証拠です。ここは一つ日本最難関の**「東京大学」**の入試問題を例にして、大学入試の説明問題をご覧いただきましょう。「東京大学だって？　わかるわけがないよ〜」と思われるかもしれませんが、ご心配には及びません。プロの予備校講師が、難しいながらも面白い東京大学の問題をわかりやすく解説させていただきます！　それでは次の問題をご覧下さい！

次の文章を読んで、後の設問に答えよ。

[1] 白は、完成度というものに対する人間の意識に影響を与え続けた。紙と印刷の文化に関係する美意識は、文字や活字の問題だけではなく、言葉をいかなる完成度で定着させるかという、情報の仕上げと始末への意識を生み出している。白い紙に黒いインクで文字を印刷するという行為は、不可逆な定着をおのずと成立させてしまうので、未成熟なもの、吟味の足らないものはその上に発露されてはならないという、暗黙の了解をいざなう。

[2] 推敲という言葉がある。推敲とは中国の唐代の詩人、賈島《かとう》の、詩作における逡巡《しゅんじゅん》の逸話である。詩人は求める詩想において「僧は推す月下の門」がいいか「僧は敲《たた》く月下の門」がいいかを決めかねて悩む。逸話が逸話たるゆえんは、選択する言葉のわずかな差異と、その微差において詩のイマジネーションになるほど大きな変容が起こり得るという共感が、この有名な逡巡を通して成立するということであろう。月あかりの静謐《せいひつ》な風景の中を、音もなく門を推すのか、あるいは静寂の中に木戸を敲く音を響かせるかは、確かに大きな違いかもしれない。いずれかを決めかねる詩人のデリケートな感受性に、

人はささやかな同意を寄せるかもしれない。しかしながら一方で、推すにしても敲くにしても、それほどの逡巡を生み出すほどの大事でもなかろうという、微差に執着する詩人の神経質さ、器量の小ささをも同時に印象づけているかもしれない。これは「定着」あるいは「完成」という状態を前にした人間の心理に言及する問題である。

3 白い紙に記されたものは不可逆である。後戻りが出来ない。今日、押印したりサインしたりという行為が、意思決定の証として社会の中を流通している背景には、白い紙の上には訂正不能な出来事が固定されるというイマジネーションがある。白い紙の上に朱の印泥《いんでい》を用いて印を押すという行為は、明らかに不可逆性の象徴である。

4 思索を言葉として定着させる行為もまた白い紙の上にペンや筆で書くという不可逆性、そして活字として書籍の上に定着させるというさらに大きな不可逆性を発生させる営みである。推敲という行為はそうした不可逆性が生み出した営みであり美意識であろう。このような、達成を意識した完成度や洗練を求める気持ちの背景に、白という感受性が潜んでいる。

5 子供の頃、習字の練習は半紙という紙の上で行った。黒い墨で白い半紙の上に未成熟な文字を果てしなく発露し続ける、その反復が文字を書くトレーニングであった。取り返しのつかないつたない結末を紙の上に顕《あらわ》し続ける呵責《かしゃく》の念が上達のエネルギーとなる。練習用の半紙といえども、白い紙である。そこに自分のつたない行為の痕跡《こんせき》を残し続けていく。紙がもったいないというよりも、白い紙に消し去れない過失を累積していく様を把握《はあく》し続けることが、おのずと推敲という美意識を加速させるのである。この、推敲という意識をいざなう推進力のようなものが、紙を中心としたひとつの文化を作り上げてきたのではないかと思うのである。もしも、無限の過失をなんの代償もなく受け入れ続けてくれるメディアがあったとしたならば、推すか敲くかを逡巡する心理は生まれてこないかもしれない。

（原研哉『白』中央公論新社）

◆問　傍線部「『定着』あるいは『完成』という状態を前にした人間の心理」とはどういうことか、説明せよ。

東京大学の二〇〇九年度の問題（一部抜粋）です。傍線部の内容が「どういうことか」説明を求めています。このように問われた場合、次のような手順で処理していくことになります。

①　傍線部をいくつかの要素に分解する
②　分解したそれぞれを本文の内容を踏まえてわかりやすく言い換える
③　それらをつなげて、説明文を完成させる

ではまず①からやっていきましょう。「定着」「完成」という二つの言葉がかぎ括弧で囲まれていますね。このかぎ括弧には「一般的な（辞書に書いてあるような）意味とは異なる、本文特有の意味を含む」という意味が込められています。つまり**本文中での「定着」「完成」とは、一体どういう意味なのか**をまず説明しなければなりません。

また、**それらを「前にした」というのはどういう状態なのか**も説明したいですね。

そして、**その時の「人間の心理」はどうなっているのか**、を説明します。このように、まずは何を説明するべきかを明確にすることが大事です。

では②に入ります。①で分解した要素を一つひとつ言い換えていきましょう！　「定着」という言葉は、本文一段落目で「(白い紙に黒いインクで文字を印刷する行為における）不可逆な定着」と表現されています。また三段落目の冒頭でも「白い紙に記されたものは不可逆であ

る」とあります。つまり、本文での「定着」とは、白い紙にインクで文字を書いたりする際の「**表現の不可逆性**」を示す言葉ということになります。

では今度は「完成」についてです。第四段落の終わりに「達成を意識した完成度」という表現があります。つまり完成というのはある一つの目的を達成した状況と同じく、**それ以上訂正などをする必要もない**という意味を含むことになります。

そして今度はそれらを「前にした」というのはどういう状態なのかを考えましょう。何かを「前にした」状況というのはどういう状況だと思いますか？　たとえば「大きな会議でのプレゼンを前にした」状況でしたら、待ったなしの状況でこれからプレゼンに臨む状況ということになりますよね？　そうです！　つまりここでの「（定着や完成を）前にした」状況とは、「（定着や完成が）**目の前に迫ってきているため、早急にそれに対応しなければならない追い詰められた**」状況となるのです。

それでは最後に、その時の「人間の心理」について考えてみましょう。まず傍線部の直前に「これは」という指示語があります。指示語は基本的に直前の内容を指し示すものですので、この場合はその直前の「微差に執着する詩人の神経質さ、器量の小ささ」を示します。

つまりこの「（**詩であれ、その他の文章であれ）表現上の微差に執着する心理**」が、ここでの人間の心理ということになります。

さて、材料が揃いましたね。最後に③に入ります。これらをつなげて端的にまとめ上げるのです。表現の重複や文頭・文末の表現の食い違い等に注意すると、次のようになります！

解答

不可逆性のある表現や（「定着」を踏まえて）**訂正の不要な完全なものを**（「完成」を踏まえて）**迫られる状態になると**（「前にした」を踏まえて）**人は微細な表現上の差異をも意識せざるをえなくなるということ。**（「人間の心理」を踏まえて）

設問が「どういうことか」と聞いているので、「〜こと」という文末表現で答えることも忘れないで下さいね！

いかがでしたか？　短い傍線部の中にこれだけ多くの要素があり、それらを表現を工夫しながら言い換えるのは簡単ではなく、さすが東大の問題というところですね。逆に言うと、こういうことを若いうちからこなしてきた人は必然的に「相手のことを考えた表現をすること」が得意となっていき、当然ビジネスでも成果を発揮していくことになるのです！

◆補足編◆

第八章

総合演習問題

ここまで本書をお読みいただきましてありがとうございます。いろいろな説明のための技術を話させていただきました。普通のノウハウ本ならここで終わりなのですが、私は教育者なので、こう思うわけです。「**本を一読しただけで、書いてあるノウハウがしっかり身についているはずがないよね！**」と。

受験勉強でもそうですが、**学んだことを確認するテストは必要**ですよね！　大丈夫です！　あなたの知識の定着を図るだけですので、これによって学期末の成績が決まるわけではありません（笑）。

「はじめに」でも申し上げましたが、私はあなたに「**この場で説明能力を飛躍的にアップする体験をしてもらいたい**」ので、読んで終わりにしたくはないのです。とは言っても、あまり問題が多すぎるのも大変でしょう。次の10問に取り組んで下さい。時間は個人の処理速度にもよりますが、平均的に考えて20分にしておきましょう！　ではスタート!!!

問一　「情報を絞り込む」ために必要な要素を説明したものとして、最も適当なものを次から一つ選び、記号で答えなさい。

ア　相手の発言や文書をまず真摯にすべて理解するつもりで吸収し、その中から一般常識的に問題ない、つまり自分の社会的立場を毀損《きそん》しない内容を抽出し、「相手に伝える」際にトラブルが起こらない伝え方を工夫して、文章として組み立てる。

イ　絞り込むべき内容を自分の経験から主観的に選び出し、その中から多くの人に伝わりやすいと思われる内容をさらに厳選し、相手の読解能力を考慮しながらそこに合う内容を吟味して、その内容を順不同でつなげて相手に示す。

ウ　絞り込むべき内容の全体像を「対比」と「論展開」を意識して掴み、その上で内容の核となる抽象的な部分を拾い出し、それ以外の余計な言い換えや具体例を削除し、拾い出した抽象部分を、理解できる形になるようにつなぎ合わせて文章を構成する。

エ　まず相手の話や内容をうなずきながら聞いてるふりをしてやり過ごし、断片的に聞き取れた内容を武器に徹底的に相手をヨイショして、相手からよさそうな案件をもらえたらその中から面倒なことは後輩にでも押しつけて功績は自分のものにする。

オ　相手の発言や文章の中から興味を持った内容を抽出し、それらを箇条書きにした上で一つひとつ暗唱し、鏡の前や知り合いの前などでそれを何度も何度もつっかえずに話せるように練習して自分のものとして染みこませていく。

問二　次の文章の中で一番おさえるべき大事な内容はどこか、記号で答えなさい。

「ア なんで君はわかってくれないんだ!?　部長である私がこれだけ君のためを思って話しているんだぞ！　イ そのありがたみを感じて頭を働かせることくらい、我が社の採用試験を通過した人間ならできるはずだ！　昔から『無能な働き者は即座に射殺せよ』という戦場の教訓的な話があるんだよ。ウ 頭を使わないものがいくら頑張ったってしょうがないんだ！　エ 書類の提出場所は社内の分担表をその都度確認しろと言っているだろう？　オ 確認することなんて小学生でもできるだろう。ほんとしっかりしてくれよな！」

問三　次の文の空欄に入る最も適切な言葉を選択肢から選び、記号で答えなさい。

空欄　説明は、独り言と同じ。

ア　自分の限界を考えない
イ　相手の社会的立場しか考えていない
ウ　マニュアルの内容をしゃべっているだけの
エ　ハラスメントで会社がつぶれることを避ける
オ　相手のことを考えていない

問四　次の中から「プレゼン前の事前準備」の内容として**適切でないもの**を一つ選び、記号で答えなさい。

ア　何を聞かれても答えられるくらいの知識の準備
イ　自分の能力の限界を超えるための神頼み
ウ　下調べした中からどれを説明するかの絞り込み
エ　どの順番で説明するか、どこに時間を割くかの配分
オ　実際に声に出しての練習

問五　講演などを行う際に適切話者から３５０㎝以上の距離の名称を漢字四文字で答えなさい。

問六　次の文の空欄の内容を埋めなさい。

理由・根拠は［　　］つが理想。そして客観的事実であれ。

問七　次の文の中から、効果的な説明の方法として最も適切なものを一つ選び、記号で答えなさい。

ア　比喩表現は相手にわかりやすく伝えるのに効果的なので、できるだけ使用することが望ましく、その際例えられるものと例えるものの関係性はできるだけ離れていたほうが表現効果が上がって望ましい。

イ　壇上から説明する際、聴衆が話に集中していないと思ったら、緊張感を与えるために彼らに質問をしてみるのも効果的だが、その場合、できるだけ立場が上の人に問いかけたほうが彼らの立場を尊重することになるので効果的である。

ウ　説明の際の主語の省略や、時系列がズレていきなり話が飛躍していると感じる話し方をすると、聞き手のことを考えていないと捉えられてしまうので、説明する際は必ず主語を明示し、話の中で時系列は常に統一するべきである。

エ　その声が聞き取りやすいとか、間の取り方とかが優れていたりすると、聞いている人がその人の説明にさらに引き寄せられる場合もあるが、それらは生まれついての才能なので、持たざる者は説明の内容のみで勝負するべきである。

オ　諺《ことわざ》などの慣用表現などは、説明者自身の知識を示すために効果的だが、使いすぎると逆に知識をひけらかす感じがして印象が悪くなるので、話の締めのここぞという所で、その内容に適した文言を使うと、相手に伝わりやすく効果的である。

問八　次の文章の中から、「本書に書かれている説明のポイント」に照らし合わせると**適切でない**箇所を**二カ所**探して指摘し、その理由も答えなさい。

「この数年間で我が社の業績は大きく発展してきました。まるで大相撲の力士のようだと言っても過言ではありません。この成長速度を維持するためには、ここにいる皆様の力が必要不可欠となります。一人ひとりが自分の持ちうる最大の力を発揮し、会社がさらに発展していくことを望んでいます。」

問九　次の文章の中から、ビジネスマンの話として**適切でないもの**を一つ選び、記号で答えなさい。

ア　たしかに私は若い頃に勉強ができずに苦労しましたが、その中での努力と工夫が今こうして社長業を行っていく中で役立っているのです。

イ　たしかに本製品は同業他社の商品とくらべると割高かもしれません。しかし、ここまでご説明申し上げましたように、それに見合う素材と耐久性、そして充実したアフターサービスがあるので、値段に見合う価値があると私は自負しております。

ウ　たしかに私は今までいろいろな嘘をついてきました。多くの人を傷付け、犯罪も犯してきました。しかし今は反省して、改心しております。安心して私の指示に従って下さい。

エ　たしかに君の言っていることも時代の情勢を踏まえると一理ある。でもそれにあえて立ち向かっていくことで業績をここまで伸ばしてきたのが我が社ではないのか？

問十　「社内のプレゼンが近いのに、人前で話すことが苦手で不安だ」という若手社員に対して、**あなたならどのようにアドバイスするか。最低三つ具体的に答えなさい。**なお、身近にいる不安を持つ人をイメージして、あなた自身がその人の上司になったつもりで答えること。

解答

問一　ウ

問二　エ

問三　オ

問四　イ

問五　公衆距離

問六　三

問七　オ

問八　①「大相撲の力士のよう」という比喩表現はここでは使い方がおかしい。「業績の発展」という動きのあるものの比喩を、「サイズとしての大きさ」を示すもので示してしまっている。

②「一人ひとりが〜」の文は主語が（社員）一人ひとりを指すのに、最後の「望んでいる」は説明者自身が主語になってしまっている。「望んでいます」の前に「私は」を挿入するべきである。

問九　ウ

問十　相手と自身の関係性や状況にもよるが、以下のようなアドバイスが挙げられる。

※「自分も若い頃は緊張した」と話す↓自身が上司として具体的な実績を上げていて、その部下に信頼されている場合に有効。

※「この機会に、せっかくだから重役にアピールして、社内での評価を勝ち取ってしまおう！」と話す↓その部下が野心的な性格である場合に有効。

※「多少言い間違えても死ぬわけでもないし、我が社の重役は皆優しいから、暖かく君の発表を受け止めてくれるはずだ。気軽にいこう」と話す↓その部下がプレッシャーに弱い場合に有効。

※「君が準備してきたことを焦らず普通にやれば、それは客観的にも必ず良いプレゼンになるはず。特別なことをしようとしなくても、普通にやれば君ならできる」と話す↓その部下の自己肯定感が低い場合に有効。

※パニック障害などの精神的な原因の可能性を示唆し、病院で一度診てもらうことを優しく伝える↓その部下がそれ以外のあらゆるやり方を実施してもうまくいかず、他に万策尽きた時に有効。ただし伝え方を工夫しないと部下本人が傷付くので注意。

付録

意外と知らない「タイプ別接続詞・副詞一覧表」

説明をする際に無理をして難しい言葉を使う必要はありませんが、だからといって「当たり前の日本語」を間違って使うことも避けたいものです。たとえば四字熟語や諺《ことわざ》等の慣用表現は、専用の辞典や参考書があるので、そういうものを使って勉強できますが、**問題は「接続詞」「副詞」**なのです！

私も国語の教員をやっているのでさまざまな参考書を拝読しているのですが、**接続詞、副詞をわかりやすくまとめてくれているものがほとんどないな**と感じていました。「使えば教養を誇示できるが、使わなくても話ができる」諺や四字熟語と違って、**接続詞や副詞は日本語をしっかり使用する際には使わないわけにはいきません**。

ですので、自分で作ってみました！ 次に示しますのは予備校でも使っている中林オリジナルの「タイプ別接続詞・副詞一覧表」です！ タイプ別にまとめているので「どういう文脈で使うべきか」というのもわかりやすいと思います。ただし、この量を全部一気に覚えようとするのは大変でしょう。まず一読して、「自分が正しく理解していなかった言葉」「そもそも知らなかった・使ったことのなかった言葉」をマーカーで線でも引いてピックアップしてみましょう。そして、その意味を必要に応じて、あらためて国語辞書でくわしく確認し、今後の説明や会話の中で無理なく使用していきましょう。

タイプ別接続詞・副詞一覧表

順接

それで・そこで……原因→結果の意味も持つ。
それでは
しかして（然して・而して）……そうして

逆接

しかし・しかしながら
が・だが・ですが
だけど・けれども
ところが
のに・なのに・それなのに
にもかかわらず・それにもかかわらず
ものの・とはいうものの

ものを……接続助詞の逆接確定条件。後悔の感情を含んで使われることがある。
でも・それでも
といえども・しかれども・しかるに……「ども」も「に」も接続助詞の逆接確定条件。
されど・さりとて
そのくせ
これに反して
ても（動詞に接続）
ながら　【例】「これだけの実力があり**ながら**、なぜ謙虚でいられるのか？」
（なる）とも……逆説仮定（状況の変化に対して使うことが多い）
にしては（割には）……逆接的な不均衡　【例】「あれだけ勉強した**にしては**、成績が伸びないね」
にしても……逆接仮定（状況それ自体に対して使うことが多い）
としても……逆接仮定（体言および活用語の終止形に対して使うことが多い）
とはいえ
からといって
したところで……逆接仮定（〜をしても無駄・意味がないという意味）

にしたって・にしろ・にせよ
しようが・しようと
しかるに（然るに・而るに）
するも……したとしても・するけれど
むしろ……二つを比べて、片方よりもう片方を選ぶ場合に使用。
かえって……一般的な状況および、予想とは反する場合に使用。
いっそ……中途半端な状態を排して思い切ったことを選ぶ場合に使用。

原因→結果

おかげで
それゆえ・そのため
すると……前の事柄から判断した結果を導く場合にも使用。【例】「すると、君は知っていたのか！」
したがって・ゆえに……前の事柄を前提とし、後の事柄を論理的に導き出す。推論ともいう。
だから

そのせいで・その結果・結果として・結果的に・そのために
〜ので・〜から
それだけに・そのために

結果→原因
なぜなら・なんとなれば・なぜならば
というのは・というのも
なにしろ・なにせ
だって……口語的な表現。物語文で主に使用。【例】「だってお腹すいちゃったんだもん！」

並列
または
および
かつ
ならびに

同じく
重ねて
あるいは
もしくは
それとも
に限らず
のみならず
同様に
とか
〜や
〜やら・〜だの……マイナスのものを並列してあげる場合が多い。
〜といい〜といい・〜といわず〜といわず・〜にしろ〜にしろ・〜につけ〜につけ

添加

あまつさえ……「その上に、それだけでなく、おまけに」の意味を持つ。

さらに
そして
それに
それから
しかも
おまけに
そのうえ
どころか・それどころか・そればかりか・そればかりでなく

対比

一方・他方
逆に・反対に

反面

もしくは・あるいは・または

ないしは
それとも

仮定（逆接仮定条件は「逆接」の項目に記載）

もし
仮に・たとえ・よしんば
～たら・～なら・～ては・～とすると・～とすれば・～してみると
～しからば・～しようものなら

説明

というのは

補足

なお
ただ・ただし……通常本題とは異なることを、強調して付け足す場合に使用。限定としての意味も持つ。

もっとも

ちなみに

そもそも（元来）……あらためて最初から説明する時に使用。

じつは・じつのところ

言換《いいかえ》

つまり

すなわち

要するに・要は

換言すると

というか

いわば・言ってみれば……比喩的に言い換えることが多い。例示としての意味も持つ。

いわゆる……一般的に認知されている言い回しで言い換える場合に使用。

逆に言えば・裏を返せば

例示

たとえば・例えるに

事実・実際

比喩

まるで

いわば

あたかも

ちょうど

まさに

注目

特に

とりわけ・就中（なかんずく）

なかでも

話題転換

それでは・では

さて

ところで

それはさておき・閑話休題……脱線した状態から本題に戻る場合に使用。

翻って（ひるがえって）

それにしても

ともあれ・とまれ・とにかく

いずれにせよ

ときに

限定

だけで

ばかりで

しか

のみ
きり
ほか
まで
ただ・ただし

前提

もちろん
元より・元から・最初から
当然
まして・ましてや・なおさら……前で述べた事柄に対して、論ずるまでもない場合に使用。

推測

おそらく
察するに

慮るに（おもんぱかるに）

時間

ままで
まもなく・とたんに・瞬間・〜やいなや・そばから・かと思うと・が早いか・かと思えば・か
と思う間もなく
続いて・引き続き・これを受けて
それから・そうすると・すると
やがて

結論

結果・結局
つまり・つまるところ
とどのつまり……「つまり」と異なり、悪い結果や内容にのみ使用。
すなわち・要するに

所詮・詮ずるところ……悪い意味で使われることが多い。
挙句
とうとう

譲歩

もちろん
なるほど
たしかに
たとえ〜ても……逆接仮定条件の意味を持つが、譲歩的な意味でも使用。
一般的には〜だが……一般論が一般に広まっているそのこと自体に一定の評価をすることを譲歩と考える。

詠嘆・驚き・感動等

よもや……「まさか」の意味を持つ。
あにはからんや……「意外にも」の意味を持つ。

なんと

あわや……「すんでのところで・危なく」の意味を持つ。

おまけ

うすうす感じていても、なかなかはっきり言えない真実&アドバイス

さて、ここまで本書をお読みいただきまして、ありがとうございます。「より良い説明」のための情報は第九章までで終わりです。**「説明のテクニックだけわかればもういいよ」と思われるあなたは、第九章までをしっかり自分のものにしていただければそれで問題ありません。**

私は本書の最初に「理解ができているものに対してのみわかりやすい説明ができるだけで、ビジネスパーソンとしての価値が飛躍的にアップします」と書きました。たしかにそれは間違いありません。より伝わりやすく、魅力的な説明のテクニックを身につけたあなたのビジネスマンとしての人生は大きく飛躍するでしょう。しかし、だからこそお節介ながら「**説明以外の部分で、もっとあなたが輝ける考え方**」について少しだけお話しさせていただきます。これによってあなたが世の中の「多くの人が薄々感じていながらも、なかなかはっきり言えない世の中の真実」を理解し、それによってクオリティーの上がったあなたの説明をさらに多くの人びとに届けられるようになるでしょう。読む人によっては不快に感じるようなことも含まれているかもしれませんが、ご容赦いただければ幸いです。

まず、あなたが男性の場合、**高身長・筋肉質な体つき・優れたルックス**があれば、それだけで説明する際に武器になります。高身長でスーツが似合っている、あるいは強そうな筋肉質な身体、これらを持った男性と向かい合った女性はまず生物的に好意を持つ人が多いですし、同じ男性であればあなたを「生物的な強者」と見なし、無意識的に屈服・あるいは崇拝される可能性が高いのです。あるいは逆にあなたを嫉妬の目で見て対抗意識を燃やす人もいるでしょうが、それはそれで相手から「意識されている」ということになるので、**その相手の感情を利用して相手を手玉にとることも可能**です。

また、こういう武器があると必然的に人生で肯定されることが多く、自分に自信を持つことになるので堂々とプレゼンをすることにもつながります。

身長とルックスは（最近は整形に対するハードルも大分下がってきましたが）、遺伝子的な要因が強いのでどうにもできない部分はありますが、**筋肉は違います**。もしあなたが男性で、身長の低さや貧弱な身体からくるコンプレックスが影響してご自身に自信が持てないなら、**説明以前にまず自信をつけることから始めたほうがよいかもしれません**。筋トレをしたり、格闘技を習ったりして、生物的・肉体的に負けないという自信をつけてみることをお勧めします。

「説明にそんなの関係ないでしょうが！」と思われるかもしれませんが、**まず自分に自信のない人の話よりも、自信のある人の話のほうが魅力的に聞こえるものです**。人間は言葉の内容だけでなく、五感を駆使して情報を判断しますからね。「ドランクドラゴン」というお笑いコンビに「鈴木拓」さんという芸人がいます。この方はご存じの通り見た日は決して華やかとは言えませんし、本職の突っ込みに関してもキレがあったり、巧みな語彙力を駆使しているわけでもありません。個性豊かな相方の塚地さんの影に隠れているなんて言われることも少なくありません。しかし、そんなことを全然気にしないこの人の精神力はすさまじく、さらには過激な発言が影響してネットでいくら炎上しようが気にもしません。なぜこんなに彼がふてぶてしく（失礼！）芸能界を生きていけるのか？　じつは、彼が優れた格闘技の技術を持っているからです。何しろ本人が「『こいつらいつでも殺せる』と考えれば、何言われてもへっちゃらだ」とテレビで言い放っていましたからね。ちなみに、かくいう私もアラフォーになってから一念発起して「キックボクシング」を始めました。週一回ジムに通い、サンドバックやミットを思いっきり叩いています。少しずつ「そこらの人より俺は強い」という自信を付け始めています。もちろん、誰かを殺すつもりはありません（笑）。

「憎まれっ子、世にはばかる」なんて諺もありますが、「周囲に憎まれても、平然と自分のやりたいように生きていける胆力を持った人間のほうが、世の中で成功しやすい」ということは、現実としてあります。

女性の場合ですと**「美しい容姿」「愛嬌のある（リアクションのよい）性格」**などで多くの人に好かれる人間は、当然説明に関しても相手に好意的に受け止めてもらえる土壌があるぶん有利です。容姿の優劣によって、好意的に扱ってもらえない可能性が高まってしまうのが実態です。そしてそこから自分に自信を持てなくなってしまうことも多いでしょう。前述の通り「自信のない者の説明は本気で聞いてもらえない」のも事実なのです。

「容姿が悪くても私には仕事の実績がある」

「容姿が悪くても私はいつも笑顔で皆に好かれる」

「そもそも容姿で人を判断する世界は間違っている！　ルッキズムに私は断固として立ち向かう！」

「容姿が悪いなら整形して美人に生まれ変わって自信を取り戻してやる！」

人によってさまざまな考え方がありますが、私はどれも正解だと思います。**それであなたが自信を持てるなら**。

また、ビジネスでプレゼンをする際は、基本的には「多くの人を惹きつけ、自身および自身が紹介する商品に興味を持ってもらう」というのが原則です。そこで最近「**炎上商法**」なるものがはやっているので、それについてもお話させていただきます。

一言で言うと「**自分に興味を持ってもらうという意味では効果的だが、多くの人に嫌悪感を抱かせるため、思いもかけないところからトラブルに見舞われる可能性がある**」のが炎上商法です。Yahoo! ニュースなどの記事は、閲覧数の多いものから順番にトップに表示されるというのは知っている人も多いと思いますが、その中には炎上系yotuberの記事や、芸能人の過激で極端な発言をタイトルにした記事が結構な数で含まれます。それらは内容的にも賛否両論を巻き起こすようなものが多く、実際記事に対するコメントもたくさん書かれます。

不思議ですよね？「嫌なら見なければよい」と、頭ではわかっていても、**人はそういうものこそついつい見たくなり、一言もの申さずにはいられなくなるのです**。これは人間が持っている「正義感」や「(他人に上から説教したくなる、自分の考えを正しいと他人に認めさせたくなる、賞賛されたくなる）承認欲求」が刺激されるからです。したがって、ネットで炎上しそうな過激な発言をあえてすることによって、多くの人の注目を集める方法は「効果的」ではあります。

ただ、この手法は人間の理性ではなく、感情を利用しているので、**相手から恨まれることによる報復措置を覚悟しておかなければなりません**。訴訟などによる法的な報復措置だけでなく、あなたの商品の不買運動や、匿名による嫌がらせもそうですが、この手法で世間に名前が知られてしまえば、世間でのイメージも悪くなるので、さまざまな援助が受けづらくなるなどの問題も発生します。「憎まれっ子、世にはばかる」とは書きましたが、**憎まれ方に注意しな**

いと、そもそものビジネスどころではない事態になってしまうので、リスクの多い手法だと言えます。

つまり、「同じ炎上でも社会的弱者（という名の実質的強者）や、特定の個人の身体的特徴に対する誹謗中傷・あるいは自身の犯罪自慢」などで炎上させてはいけませんということですね……。

そして、これを説明の手法につなげるならば、**「相手の感情を刺激する説明の仕方」**はある意味効果的です。説明やプレゼンの際に、あえて相手の感情を刺激し、「黙って聞いてはいられない」ようなことを言う。それによって、相手の反論や質問を引き出し、それに対してあなたが返答する、あるいは議論にまで引きずり込んでしまえば、もう相手はあなたの術中にはまったようなものですよね。**相手の印象にしっかりあなたを残すことができます**。もちろん、そこで相手に論破されてしまっては元も子もないので、しっかり説明内容について理論武装しておくことは必要です。

最後になりますが、**「何事も盲信しない」「むしろ相手に盲信されることを目指す」**ことの大事さをお話しさせていただきます。インターネットがまだ黎明期の頃は、テレビが圧倒的な情報統制力を持っていたので、「テレビで有名な芸能人の○○さんが言っていたからあれを買おう」と、多くの大衆がその影響力を盲信していました。主婦向けの人気番組で某芸能人が「トマトが身体に良い！　老化防止！」と言ったら、次の日には日本中のスーパーからトマトが売り切れになる……なんてこともありました。テレビマンにとっては良い時代だったでしょう。

そして今は、インターネット・SNSがテレビに対抗するメディアとして完全に市民権を獲得しています。一見このツールは素人も情報発信に参加できる上に、テレビほどスポンサーや裏で糸引く者の存在が見えにくいために「信用できる情報媒体だ」と思わせられるかもしれませんが、いろいろな人が情報を発信できるということは、テレビ以上に情報の真偽に敏感にならなければなりません。要するに、「あの人が言っているからすべて正しい」という感情は、売り手側が最も獲得したいものであって、買い手側はそう簡単に持ってしまってはいけないということですね。

「消費者としては、自分で『良い』と判断したものを購入する」「売り手としては逆に消費者に自分を盲信させるくらいの信頼を獲得できるようにする」というのが理想です。「儲ける」という漢字は、「信」と「者」で構成されていますよね。「信者を作ればその人たちから儲けられる」という、まあそういうことです（笑）。そして、その盲信を獲得するために欠かせないのが、本書でお伝えした「説明の技術」となるわけです！　政治家・宗教家あるいは多くの登録者や再生数を獲得しているYouTuberなども、すべからく説明の技術・話の技術を獲得しています。それだけ大事なことなのです！

終わりに

本書は昨今の風潮や時代の流れなども踏まえて、無理のない形であなたの説明能力、そしてビジネススキルの向上につながる内容となっていますので、しっかり実践していただければ確実に変化を実感できるはずです。

本書執筆のきっかけは、あなたの説明能力を向上させたいという願いです。これはただのお節介ではなく、優れた説明ができる人が増えれば、世の中から余計なトラブルも減り、個人のみならず会社レベルの実績の増加にもつながり、ひいては日本経済の発展にもつながっていくはずという確信もあります。

ただ、じつはそれだけではなく、**「能力差をひっくり返す」**快感を味わっていただきたいという思いもあるのです（むしろそっちのほうが強いくらいです）。

私は幼少期からいわゆる「コンプレックスの塊」のような人間でした。特に勉強に関しては、それが顕著で、中学・高校・大学受験のすべてにおいて自分の能力を上回る学校を受験して惨敗するという経験を積んでいます。「偏差値では足りていないけど、いけるかもしれない」と甘い考えでぶつかって、案の定玉砕するという流れです。その結果、「勉強ではどう頑張ってもこれ以上のラインにはいけそうにない」という現実を叩き込まれます。これは幼い頃から習っていたピアノなどの音楽でも同じで、「どう頑張ってもかなわない人の存在」を、人生の早い段階から突きつけられるという経験をしてきました。

そんな中で、夢破れて進学した第三希望の高校の生徒だった時、さまざまな先生方の授業の説明を聞いているうちに、「自分だったらどのように説明しようか」という思いが湧き上がってきて、そこから「自分も教壇で授業して、説明してみたい」という思いにつながりました。早起きは得意でしたので、朝早く登校して、誰もいない教室で授業の真似事みたいなことを繰り返していました。

大学卒業後、高校の教員として働きましたが、そこで行われた「授業アンケート」の結果などで自身の授業に対する自信を少しずつ深め、経験を積むためにいくつかの塾や予備校を渡り歩いた上で、**「河合塾」の現代文科講師の採用試験を受験し、一発で合格しました**。そこから「授業そのもののクオリティーで稼いでいける」予備校講師として自信を持つに至ったのです。

河合塾などの大手予備校では東大・京大、あるいは大学院など、すばらしい学歴の方々がたくさんいらっしゃいます。しかし「自身が受験生として臨む戦い」では彼らに勝てなくとも、**弛まぬ努力による授業準備と「説明力」があれば、予備校講師としては彼らを上回る実績を積**

むことができます。社会には「**凡人が天才をひっくり返す**」ことができるフィールドがあるのです！

世の中でいわゆる「勝ち組」になるためには、「何でもかんでもできるようになる」必要はありません。逆に「器用貧乏」という言葉もあるように、ありあまる才能と多方面の知識がありながら、それを世の中で活用する術を知らず（あるいは意欲がなく）、不遇な状況に甘んじている人もたくさんいます。

「俺はこれができる。これなら堂々と語れる」と言えるものを一つ持ち、それを説明するスキルを本書で身につけて下さい。そしてそのスキルは「すばらしいもの」という認識をしっかり持ち、**決して安売りせずに、しかるべき評価や報酬を示してくれる相手のために活用して下さい**。優れたスキルは優れた使い方をするべきですからね。

最後になりましたが、本書の発行にご尽力いただいた多くの方々に感謝の意を申し上げます。

中林　智人

■ 著者紹介

中林　智人（なかばやし・ともひと）

予備校講師として河合塾現代文科、早稲田予備校国語科などで教鞭をとり、都内の高校でも非常勤講師として最難関クラスの進学指導を担当する。

大手塾講師転職サイトでのWeb記事、学習参考書の執筆のほか、大学での講演も行う。巧みな話術と緻密な問題分析による「楽しい解説」「わかりやすい説明」によって、毎年多くの受験生を第1志望合格に導いている。

また、20代にはミュージシャンとしてもCDの全国発売を成し遂げるなど、多領域にわたる表現のスペシャリストして活躍中。

著書に『明治大の国語』（教学社）などがある。

説明のうまい人がやっていること

伝えるスキルが飛躍的にアップするコツ

2023年9月29日　初版第1刷発行

■著　　者 ――――― 中林　智人
■発 行 者 ――――― 佐藤　守
■発 行 所 ――――― 株式会社 大学教育出版
〒700-0953　岡山市南区西市855-4
電話（086）244-1268　FAX（086）246-0294
■印刷製本 ――――― モリモト印刷㈱
■本文デザイン・DTP ― 坪内友季
■イラスト ――――― シライカズアキ

本書に関するご意見・ご感想を右記サイトまでお寄せください。

ISBN978－4－86692－265－2